THE SERVICE OF THE
MYSTERY *of* MARRIAGE

ΑΚΟΛΟΥΘΙΑ ΤΟΥ
ΜΥΣΤΗΡΙΟΥ τȣ ΓΑΜΟΥ

Title: The Service of the Mystery of Marriage

Translation: The text of *The Service of the Mystery of Marriage* is the translation of the V. Rev. Archimandrite Ephrem Lash with modifications by Rev. Fr. Michael Monos. Epistle and Gospel readings are taken from the Eastern / Greek Orthodox Bible.

Music: The musical aids are the work of Fr. Ephraim of Saint Anthony Monastery, Florence, Arizona, and are included here by permission.

ISBN: 978-1-939028-17-4

Publisher: Newrome Press LLC, PO Box 30608, Columbia, MO 65205

Design: The Rev. Fr. Michael Monos. The icon, Ἡ βάπτησις, by Michael Hadjimichael, is used herein by permission. http://www.michaelhadjimichael.com

Website: http://www.newromepress.com

THE SERVICE OF THE
MYSTERY *of* MARRIAGE

ΑΚΟΛΟΥΘΙΑ ΤΟΥ
ΜΥΣΤΗΡΙΟΥ τȣ ΓΑΜΟΥ

NEWROME
PRESS

THE WEDDING OF CANA

CONTENTS

Dedicated to the
Holy Ascetics of America.

They, out of love for God, forsook the world and all that is in the world; they went away into desert, uninhabited places, and there, shut up in their cells, they spent all their life in thinking of God, in prayer, in renouncing their own will, in fasting, watching, labouring, and in doing great deeds for the love of God, enduring during their whole life the assaults of the opposing forces, endeavouring by every means to shake their faith and trust in God, and especially their love for Him.

–Saint John of Kronstadt

ΑΚΟΛΟΥΘΙΑ ΤΟΥ ΑΡΡΑΒΩΝΟΣ

THE SERVICE OF BETROTHAL

Μετὰ τὴν θείαν Λειτουργίαν, τοῦ Ἱερέως ἑστῶτος ἐν τῷ Ἱερατείῳ, παρίστανται οἱ μέλλοντες ζεύγνυσθαι πρὸ τῶν ἁγίων Θυρῶν· ὁ μὲν ἀνὴρ ἐκ δεξιῶν, ἡ δὲ γυνὴ ἐξ εὐωνύμων. Ἀπόκεινται δὲ ἐν τῷ δεξιῷ μέρει τῆς ἁγίας Τραπέζης δακτύλιοι αὐτῶν δύο, χρυσοῦς καὶ ἀργυροῦς· ὁ μὲν ἀργυροῦς ἀπονεύων πρὸς τὰ δεξιά, ὁ δὲ χρυσοῦς πρὸς τὰ ἀριστερά, σύνεγγυς ἀλλήλων. Ὁ δὲ Ἱερεύς, ἐλθὼν ἐν τῷ νάρθηκι σφραγίζει τὰς κεφαλὰς τῶν νεονύμφων ἐκ γ΄ καὶ δίδωσιν αὐτοῖς κηροὺς ἁπτομένους· καὶ εἰσάξας αὐτοὺς ἔνδον τοῦ Ναοῦ, θυμιᾷ σταυροειδῶς.

After the divine Liturgy, with the Priest standing in the Sanctuary, those who are to be joined take their stand before the Holy Doors, with the man on the right and the woman on the left. On the right side of the Holy Table are placed their two rings, one of gold and the other of silver. The silver one towards the right and the gold towards the left, close to each other. The Priest, having come into the narthex, signs the heads of those who are to be married three times and gives them lighted candles. He leads them into the Church and censes in the form of a cross.

Ὁ Διάκονος· Εὐλόγησον, δέσποτα.

Ὁ Ἱερεύς ἐκφώνως·

Εὐλογητὸς ὁ Θεὸς ἡμῶν πάντοτε, νῦν καὶ ἀεὶ καὶ εἰς τοὺς αἰῶνας τῶν αἰώνων.

Ὁ Χορός· Ἀμήν.

ΕΙΡΗΝΙΚΑ

Ὁ Διάκονος· Ἐν εἰρήνῃ τοῦ Κυρίου δεηθῶμεν.

Ὁ Χορός· Κύριε, ἐλέησον. *(Καὶ μεθ' ἑκάστην δέησιν)*

Ὁ Διάκονος· Ὑπὲρ τῆς ἄνωθεν εἰρήνης, καὶ τῆς σωτηρίας τῶν ψυχῶν ἡμῶν, τοῦ Κυρίου δεηθῶμεν.

Ὑπὲρ τῆς εἰρήνης τοῦ σύμπαντος κόσμου, εὐσταθείας τῶν ἁγίων τοῦ Θεοῦ Ἐκκλησιῶν, καὶ τῆς τῶν πάντων ἑνώσεως, τοῦ Κυρίου δεηθῶμεν.

Deacon: Bless, Master.

Priest aloud:

Blessed is our God, always, now and for ever, and to the ages of ages.

Choir: Amen.

LITANY

Deacon: In peace let us pray to the Lord.

Choir: Lord, have mercy. *(And so after each petition.)*

Deacon: For the peace from above and the salvation of our souls, let us pray to the Lord.

For peace in the whole world, for the stability of the holy churches of God, and for the unity of all, let us pray to the Lord.

Ὑπὲρ τοῦ ἁγίου Οἴκου τούτου, καὶ τῶν μετὰ πίστεως, εὐλαβείας καὶ φόβου Θεοῦ εἰσιόντων ἐν αὐτῷ, τοῦ Κυρίου δεηθῶμεν.

Ὑπὲρ τοῦ Ἀρχιεπισκόπου ἡμῶν *(τοῦ δεῖνος)*, τοῦ τιμίου πρεσβυτερίου, τῆς ἐν Χριστῷ διακονίας, παντὸς τοῦ κλήρου καὶ τοῦ λαοῦ, τοῦ Κυρίου δεηθῶμεν.

Ὑπὲρ τοῦ δούλου τοῦ Θεοῦ *(τοῦδε)*, καὶ τῆς δούλης τοῦ Θεοῦ *(τῆσδε)* τῶν νῦν μνηστευομένων ἀλλήλοις, καὶ τῆς σωτηρίας αὐτῶν, τοῦ Κυρίου δεηθῶμεν.

Ὑπὲρ τοῦ παρασχεθῆναι αὐτοῖς τέκνα εἰς διαδοχὴν γένους, καὶ πάντα τὰ πρὸς σωτηρίαν αἰτήματα, τοῦ Κυρίου δεηθῶμεν.

Ὑπὲρ τοῦ καταπεμφθῆναι αὐτοῖς ἀγάπην τελείαν, εἰρηνικήν, καὶ βοήθειαν, τοῦ Κυρίου δεηθῶμεν.

Ὑπὲρ τοῦ φυλαχθῆναι αὐτοὺς ἐν ὁμονοίᾳ καὶ βεβαίᾳ πίστει, τοῦ Κυρίου δεηθῶμεν.

Ὑπὲρ τοῦ εὐλογηθῆναι αὐτοὺς ἐν ὁμονοίᾳ καὶ βεβαίᾳ πίστει, τοῦ Κυρίου δεηθῶμεν.

Ὑπὲρ τοῦ διαφυλαχθῆναι αὐτοὺς ἐν ἀμέμπτῳ βιοτῇ καὶ πολιτείᾳ, τοῦ Κυρίου δεηθῶμεν.

Ὅπως Κύριος ὁ Θεὸς ἡμῶν χαρίσηται αὐτοῖς τίμιον τὸν γάμον, καὶ τὴν

For this holy house and for those who enter it with faith, reverence, and the fear of God, let us pray to the Lord.

For our Archbishop *(Name)*, for the honored order of presbyters, for the diaconate in Christ, for all the clergy and the people, let us pray to the Lord.

For the servant of God *N.* and the servant of God *N.*, who are now being betrothed to one another, and for their salvation, let us pray to the Lord.

That they may be granted children for the continuation of the race and all their requests that are for their salvation, let us pray to the Lord.

That there may be sent down to them perfect and peaceful love and help, let us pray to the Lord.

That they may be kept in concord and sure faith, let us pray to the Lord.

That they may be blessed with concord and sure faith, let us pray to the Lord.

That they may be preserved with a blameless manner and way of life, let us pray to the Lord.

That the Lord, our God, may grant them honorable marriage and a bed

κοίτην ἀμίαντον, τοῦ Κυρίου δεηθῶμεν.

Ὑπὲρ τοῦ ῥυσθῆναι ἡμᾶς ἀπὸ πάσης θλίψεως, ὀργῆς, κινδύνου καὶ ἀνάγκης, τοῦ Κυρίου δεηθῶμεν.

Ἀντιλαβοῦ, σῶσον, ἐλέησον, καὶ διαφύλαξον ἡμᾶς, ὁ Θεός, τῇ σῇ χάριτι.

Ὁ Χορός· Κύριε, ἐλέησον.

Τῆς Παναγίας, ἀχράντου, ὑπερευλογημένης, ἐνδόξου Δεσποίνης ἡμῶν Θεοτόκου, καὶ ἀειπαρθένου Μαρίας, μετὰ πάντων τῶν Ἁγίων μνημονεύσαντες, ἑαυτοὺς καὶ ἀλλήλους, καὶ πᾶσαν τὴν ζωὴν ἡμῶν Χριστῷ τῷ Θεῷ παραθώμεθα.

Ὁ Χορός· Σοί, Κύριε.

Ὁ Ἱερεὺς ἐκφώνως·

Ὅτι πρέπει σοι πᾶσα δόξα, τιμὴ καὶ προσκύνησις, τῷ Πατρὶ καὶ τῷ Υἱῷ καὶ τῷ Ἁγίῳ Πνεύματι, νῦν καὶ ἀεὶ καὶ εἰς τοὺς αἰῶνας τῶν αἰώνων.

Ὁ Χορός· Ἀμήν.

Ὁ Διάκονος· Τοῦ Κυρίου δεηθῶμεν.

Ὁ Χορός· Κύριε, ἐλέησον.

Ὁ Ἱερεὺς λέγει τὴν Εὐχὴν ταύτην μεγαλοφώνως·

Ὁ Θεὸς ὁ αἰώνιος, ὁ τὰ διῃρημένα συναγαγὼν εἰς ἑνότητα καὶ σύνδεσμον διαθέσεως τιθεὶς ἄρρηκτον· ὁ εὐλογήσας Ἰσαὰκ καὶ Ῥεβέκκαν, καὶ

without defilement, let us pray to the Lord.

For our deliverance from all affliction, wrath, danger, and distress, let us pray to the Lord.

Take hold of us, save us, have mercy upon us, and protect us, O God, by Your grace.

Choir: Lord, have mercy.

Remembering our most holy, pure, blessed, and glorious Lady, the Theotokos and ever virgin Mary, with all the saints, let us commit ourselves and one another and our whole life to Christ our God.

Choir: To You, O Lord.

Priest aloud:

For to You belong all glory, honor, and worship to the Father and the Son and the Holy Spirit, now and forever and to the ages of ages.

Choir: Amen.

Deacon: Let us pray to the Lord.

Choir: Lord, have mercy.

The Priest says the following Prayer out loud:

Eternal God, who brought into unity what had been separated and establish an unbreakable bond of agreement; who blessed Isaac and

κληρονόμους αὐτοὺς τῆς σῆς ἐπαγγελίας ἀναδείξας· αὐτὸς εὐλόγησον καὶ τοὺς δούλους σου τούτους, ὁδηγῶν αὐτοὺς ἐν παντὶ ἔργῳ ἀγαθῷ.

Ὅτι ἐλεήμων καὶ φιλάνθρωπος Θεὸς ὑπάρχεις, καὶ σοὶ τὴν δόξαν ἀναπέμπομεν, τῷ Πατρὶ καὶ τῷ Υἱῷ καὶ τῷ ἁγίῳ Πνεύματι, νῦν καὶ ἀεὶ καὶ εἰς τοὺς αἰῶνας τῶν αἰώνων.

Ὁ Χορός· Ἀμήν.

Ὁ Ἱερεύς· Εἰρήνη πᾶσι.

Ὁ Χορός· Ἀμήν.

Ὁ Διάκονος· Τὰς κεφαλὰς ὑμῶν τῷ Κυρίῳ κλίνατε.

Ὁ Χορός· Σοί, Κύριε.

Ὁ Ἱερεὺς ἐπεύχεται·

Κύριε ὁ Θεὸς ἡμῶν, ὁ τὴν ἐξ ἐθνῶν προμνηστευσάμενος Ἐκκλησίαν παρθένον ἁγνήν, εὐλόγησον τὰ μνῆστρα ταῦτα, καὶ ἕνωσον, καὶ διαφύλαξον τοὺς δούλους σου τούτους ἐν εἰρήνη καὶ ὁμονοίᾳ.

Σοὶ γὰρ πρέπει πᾶσα δόξα, τιμὴ καὶ προσκύνησις, τῷ Πατρὶ καὶ τῷ Υἱῷ καὶ τῷ Ἁγίῳ Πνεύματι, νῦν καὶ ἀεὶ καὶ εἰς τοὺς αἰῶνας τῶν αἰώνων.

Ὁ Χορός· Ἀμήν.

Εἶτα, λαβὼν ὁ Ἱερεὺς τοὺς δακτυλίους τοὺς ἐν τῷ δισκελίῳ, ἐπιδίδωσι πρῶτον τῷ ἀνδρὶ τὸν χρυσοῦν, καὶ ποιεῖ Σταυρὸν μετὰ τοῦ δακτυλίου ἐπὶ τὴν κεφαλὴν αὐτοῦ, καὶ λέγει αὐτῷ, (ἐκ τρίτου)·

Rebecca, and declared them to be the heirs of your promise; bless these servants of yours also, guiding them in every good work.

Because you, O God, are merciful and love mankind, and to you we give glory, Father, Son and Holy Spirit, now and for ever, and to the ages of ages.

Choir: Amen.

Priest: Peace be with all.

Choir: And with your spirit.

Deacon: Bow your heads to the Lord.

Choir: To you, O Lord.

The Priest prays:

Lord, our God, who once betrothed yourself to the Church from the nations as a pure virgin, bless this betrothal, and unite and preserve these servants of yours in peace and concord.

For to you belong all glory, honor and worship, to the Father, the Son and the Holy Spirit, now and for ever, and to the ages of ages.

Choir: Amen.

Then the Priest, having taken the rings on the dish, gives first to the man the gold one and says three times, as he makes the sign of the Cross with the ring over his head:

Ἀρραβωνίζεται ὁ δοῦλος τοῦ Θεοῦ *(ὁ δεῖνα)* τὴν δούλην τοῦ Θεοῦ *(τὴν δεῖνα)*, εἰς τὸ ὄνομα τοῦ Πατρός, καὶ τοῦ Υἱοῦ, καὶ τοῦ Ἁγίου Πνεύματος. Ἀμήν. *(γ΄)*

Εἶτα καὶ τῇ γυναικὶ λέγει, λαβὼν τὸν ἀργυροῦν·

Ἀρραβωνίζεται ἡ δούλη τοῦ Θεοῦ *(ἡ δεῖνα)* τὸν δοῦλον τοῦ Θεοῦ *(τὸν δεῖνα)*, εἰς τὸ ὄνομα τοῦ Πατρός, καὶ τοῦ Υἱοῦ, καὶ τοῦ Ἁγίου Πνεύματος. Ἀμήν. *(γ΄)*

Καὶ ὅταν εἴπῃ εἰς ἕκαστον τρίς, ποιεῖ Σταυρὸν μετὰ τοῦ δακτυλίου ἐπὶ τὰς κεφαλὰς αὐτῶν καὶ ἐπιτίθησιν αὐτοὺς ἐν τοῖς δεξιοῖς αὐτῶν δακτύλοις. Εἶτα ἀλλάσσει τοὺς δακτυλίους τῶν Νυμφίων ὁ Παράνυμφος.

Ὁ Διάκονος· Τοῦ Κυρίου δεηθῶμεν.

Ὁ Χορός· Κύριε, ἐλέησον.

Ὁ Ἱερεὺς λέγει τὴν Εὐχὴν ταύτην·

Κύριε ὁ Θεὸς ἡμῶν, ὁ τῷ παιδὶ τοῦ Πατριάρχου Ἀβραὰμ συμπορευθεὶς ἐν τῇ Μεσοποταμίᾳ, στελλομένῳ νυμφεύσασθαι τῷ κυρίῳ αὐτοῦ Ἰσαὰκ γυναῖκα, καὶ διὰ μεσιτείας ὑδρεύσεως ἀρραβωνίσασθαι τὴν Ῥεβέκκαν ἀποκαλύψας· Αὐτός, εὐλόγησον τὸν ἀρραβῶνα τῶν δούλων σου *(τοῦδε)* καὶ *(τῆς δε)* καὶ στήριξον τὸν παρ' αὐτοῖς λαληθέντα λόγον. Βεβαίωσον αὐτοὺς τῇ παρὰ σοῦ ἁγίᾳ ἑνότητι· σὺ γὰρ ἀπ' ἀρχῆς ἐδημιούργησας ἄρσεν καὶ θῆλυ, καὶ παρὰ σοῦ ἁρμόζεται ἀνδρὶ γυνὴ εἰς βοήθειαν καὶ διαδοχὴν τοῦ γένους

The servant of God **N.** betroths himself to the servant of God **N.**, in the name of the Father and of the Son and of the Holy Spirit. Amen. *(x3)*

Then, having taken the silver ring, he does the same to the woman, saying:

The servant of God **N.** betroths herself to the servant of God **N.**, in the name of the Father and of the Son and of the Holy Spirit. Amen. *(x3)*

And when he has spoken three times to each of them he makes the sign of the Cross with the ring over their heads and places the rings on their right fingers. Then the Sponsor changes the rings.

Deacon: Let us pray to the Lord.

Choir: Lord, have mercy.

The Priest says this Prayer:

Lord our God, you journeyed with the servant of the Patriarch Abraham in Mesopotamia when he was sent to obtain a wife for his lord Isaac, and by means of drawing water you revealed that he should betroth Rebecca. Bless the betrothal of your servants **N.** and **N.** and make firm the word that they have spoken. Confirm them with the holy unity that comes from you. For it was you who in the beginning created male and female, and it is by you that woman is linked to man as a helper and for the contin-

14

τῶν ἀνθρώπων. Αὐτὸς οὖν, Κύριε ὁ Θεὸς ἡμῶν, ὁ ἐξαποστείλας τὴν ἀλήθειαν ἐπὶ τὴν κληρονομίαν σου, καὶ τὴν ἐπαγγελίαν σου ἐπὶ τοὺς δούλους σου, τοὺς πατέρας ἡμῶν, εἰς καθ᾽ ἑκάστην γενεὰν καὶ γενεὰν τοὺς ἐκλεκτούς σου, ἐπίβλεψον ἐπὶ τὸν δοῦλόν σου (*τόνδε*), καὶ τὴν δούλην σου (*τήνδε*), καὶ στήριξον τὸν ἀρραβῶνα αὐτῶν ἐν πίστει καὶ ὁμονοίᾳ καὶ ἀληθείᾳ καὶ ἀγάπῃ· σὺ γάρ, Κύριε, ὑπέδειξας δίδοσθαι τὸν ἀρραβῶνα καὶ στηρίζεσθαι ἐν παντί. Διὰ δακτυλιδίου ἐδόθη ἡ ἐξουσία τῷ Ἰωσὴφ ἐν Αἰγύπτῳ· διὰ δακτυλιδίου ἐδοξάσθη Δανιὴλ ἐν χώρᾳ Βαβυλῶνος· διὰ δακτυλιδίου ἐφανερώθη ἡ ἀλήθεια τῆς Θάμαρ· διὰ δακτυλιδίου ὁ Πατὴρ ἡμῶν ὁ οὐράνιος οἰκτίρμων γέγονεν ἐπὶ τὸν ἄσωτον υἱόν· «Δότε γάρ, φησι, δακτύλιον εἰς τὴν χεῖρα αὐτοῦ καὶ ἐνέγκαντες τὸν μόσχον τὸν σιτευτὸν θύσατε, καὶ φαγόντες εὐφρανθῶμεν». Αὕτη ἡ δεξιά σου, Κύριε, τὸν Μωϋσῆν ἐστρατοπέδευσεν ἐν Ἐρυθρᾷ θαλάσσῃ· διὰ γὰρ τοῦ λόγου σου τοῦ ἀληθινοῦ οἱ οὐρανοὶ ἐστερεώθησαν καὶ ἡ γῆ ἐθεμελιώθη· καὶ ἡ δεξιὰ τῶν δούλων σου εὐλογηθήσεται τῷ λόγῳ σου τῷ κραταιῷ καὶ τῷ βραχίονί σου τῷ ὑψηλῷ. Αὐτὸς οὖν καὶ νῦν, Δέσποτα, εὐλόγησον τὸ δακτυλοθέσιον τοῦτο εὐλογίαν οὐράνιον· καὶ Ἄγγελος Κυρίου προπορευέσθω ἔμπροσθεν αὐτῶν πάσας τὰς ἡμέρας τῆς ζωῆς αὐτῶν.

uation of the human race. Therefore, Lord our God, who sent truth out to your inheritance and your promise to your servants, our fathers, your elect in every generation, look on your servant *N.* and your servant *N.*, and make firm their betrothal in faith and concord and truth and love. For it is you, Lord, who declared that a pledge is to be given and made firm in everything. By a ring authority was given to Joseph in Egypt. By a ring Daniel was glorified in the country of Babylon. By a ring the truth of Thamar was revealed. By a ring our heavenly Father showed compassion on the prodigal son. For he said, 'Put a ring on his hand and bring out and slay the fatted calf, and let us eat and be joyful'. It was your right hand, Lord, that armed Moses at the Red Sea, for through your true word the heavens were made firm and the earth set on its foundations. And the right hand of your servants will be blessed by your mighty word and by your upraised arm. Therefore, Master, with your heavenly blessing, now bless also this putting-on of rings. And may an Angel of the Lord go before them all the days of their lives.

Ὅτι σὺ εἶ ὁ εὐλογῶν καὶ ἁγιάζων τὰ σύμπαντα, καὶ σοὶ τὴν δόξαν ἀναπέμπομεν, τῷ Πατρὶ καὶ τῷ Υἱῷ καὶ τῷ Ἁγίῳ Πνεύματι, νῦν καὶ ἀεὶ καὶ εἰς τοὺς αἰῶνας τῶν αἰώνων.

Ὁ Χορός· Ἀμήν.

For you are the One who blesses and sanctifies all things, and to you we give glory, to the Father and to the Son and to the Holy Spirit, now and for ever, and to the ages of ages.

Choir: Amen.

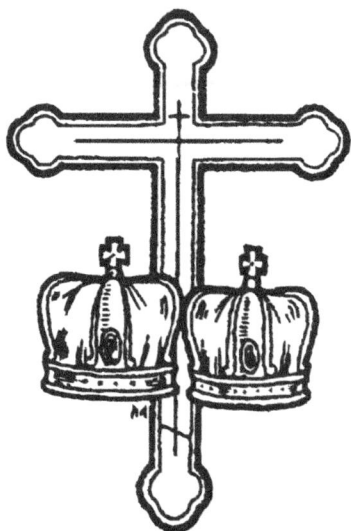

ΑΚΟΛΟΥΘΙΑ ΤΟΥ ΣΤΕΦΑΝΩΜΑΤΟΣ

THE SERVICE OF CROWNING

Εἰ μὲν βούλονται ἐν ταὐτῷ στεφανωθῆναι, παραμένουσιν ἐν τῷ Ναῷ καὶ ἄρχεται ἡ ἀκολουθία τοῦ στεφανώματος. Εἰ δὲ μεθ᾿ ἡμέρας βούλονται στεφανωθῆναι, εἰσέρχονται ἐν τῷ Ναῷ ἐκ τοῦ νάρθηκος μετὰ κηρῶν ἁπτομένων, προπορευομένου τοῦ Ἱερέως μετὰ τοῦ θυμιατοῦ, καὶ ψάλλοντος·

If they wish to be crowned on the same occasion, they remain in the Church and the service of Crowning begins. If they wish to be crowned after some days, they enter the Church from the Narthex with lighted candles, preceded by the Priest, with the censer, singing:

ΨΑΛΜΟΣ ΟΚΖ

PSALM 127

Μακάριοι πάντες οἱ φοβούμενοι τὸν Κύριον.

Blessed are those who fear the Lord.

Ὁ Χορὸς ἐν ἑκάστῳ στίχῳ λέγει· Δόξα σοι, ὁ Θεὸς ἡμῶν, δόξα σοι.

The Singers, after each verse: Glory to you, our God, glory to you.

Οἱ πορευόμενοι ἐν ταῖς ὁδοῖς αὐτοῦ.

Who walk in his ways.

Δόξα σοι, ὁ Θεὸς ἡμῶν, δόξα σοι.

Glory to you, our God, glory to you.

Τοὺς πόνους τῶν καρπῶν σου φάγεσαι.

You will eat the fruits of your labours.

Δόξα σοι, ὁ Θεὸς ἡμῶν, δόξα σοι.

Glory to you, our God, glory to you.

Μακάριος εἶ, καὶ καλῶς σοι ἔσται.

Blessed are you, and it will be well with you.

Δόξα σοι, ὁ Θεὸς ἡμῶν, δόξα σοι.

Glory to you, our God, glory to you.

Ἡ γυνή σου ὡς ἄμπελος εὐθηνοῦσα ἐν τοῖς κλίτεσι τῆς οἰκίας σου.

You wife like a fruitful vine on the sides of your house.

Δόξα σοι, ὁ Θεὸς ἡμῶν, δόξα σοι.

Glory to you, our God, glory to you.

Οἱ υἱοί σου ὡς νεόφυτα ἐλαιῶν, κύκλῳ τῆς τραπέζης σου.

Your children like newly planted olive trees all around your table.

Δόξα σοι, ὁ Θεὸς ἡμῶν, δόξα σοι.

Glory to you, our God, glory to you.

Ἰδοὺ οὕτως εὐλογηθήσεται ἄνθρωπος ὁ φοβούμενος τὸν Κύριον.

Δόξα σοι, ὁ Θεὸς ἡμῶν, δόξα σοι.

Εὐλογήσαι σε Κύριος ἐκ Σιών, καὶ ἴδοις τὰ ἀγαθὰ Ἱερουσαλὴμ πάσας τὰς ἡμέρας τῆς ζωῆς σου.

Δόξα σοι, ὁ Θεὸς ἡμῶν, δόξα σοι.

Καὶ ἴδοις υἱοὺς τῶν υἱῶν σου. Εἰρήνη ἐπὶ τὸν Ἰσραήλ.

Δόξα σοι, ὁ Θεὸς ἡμῶν, δόξα σοι.

Ὁ Διάκονος· Εὐλόγησον, δέσποτα.

Ὁ Ἱερεύς, στραφεὶς κατὰ ἀνατολὰς καὶ ὑψῶν, ὡς συνήθως, τὸ ἅγιον Εὐαγγέλιον, ἐκφωνεῖ·

Εὐλογημένη ἡ Βασιλεία τοῦ Πατρὸς καὶ τοῦ Υἱοῦ καὶ τοῦ Ἁγίου Πνεύματος, νῦν καὶ ἀεὶ καὶ εἰς τοὺς αἰῶνας τῶν αἰώνων.

Ὁ Χορός· Ἀμήν.

ΕΙΡΗΝΙΚΑ

Ὁ Διάκονος· Ἐν εἰρήνῃ τοῦ Κυρίου δεηθῶμεν.

Ὁ Χορός· Κύριε, ἐλέησον. *(Καὶ μεθ᾽ ἑκάστην δέησιν)*

Ὁ Διάκονος· Ὑπὲρ τῆς ἄνωθεν εἰρήνης, καὶ τῆς σωτηρίας τῶν ψυχῶν ἡμῶν, τοῦ Κυρίου δεηθῶμεν.

Ὑπὲρ τῆς εἰρήνης τοῦ σύμπαντος κόσμου, εὐσταθείας τῶν ἁγίων τοῦ Θεοῦ Ἐκκλησιῶν, καὶ τῆς τῶν πάντων ἑνώσεως, τοῦ Κυρίου δεηθῶμεν.

See, this is how one who fears the Lord will be blessed.

Glory to you, our God, glory to you.

May the Lord bless you from Sion, and may you see the good things of Jerusalem all the days of your life.

Glory to you, our God, glory to you.

And may you see your children's children. Peace upon Israel.

Glory to you, our God, glory to you.

Deacon: Bless, Master.

The Priest, facing East and lifting up the book of the Gospel as usual, exclaims:

Blessed is the Kingdom of the Father, and of the Son, and of the Holy Spirit, now and for ever, and to the ages of ages.

Choir: Amen.

LITANY

Deacon: In peace let us pray to the Lord.

Choir: Lord, have mercy. *(And so after each petition.)*

Deacon: For the peace from above and the salvation of our souls, let us pray to the Lord.

For peace in the whole world, for the stability of the holy churches of God, and for the unity of all, let us pray to the Lord.

Ὑπὲρ τοῦ ἁγίου Οἴκου τούτου, καὶ τῶν μετὰ πίστεως, εὐλαβείας καὶ φόβου Θεοῦ εἰσιόντων ἐν αὐτῷ, τοῦ Κυρίου δεηθῶμεν.

Ὑπὲρ τοῦ Ἀρχιεπισκόπου ἡμῶν *(τοῦ δεῖνος)*, τοῦ τιμίου πρεσβυτερίου, τῆς ἐν Χριστῷ διακονίας, παντὸς τοῦ κλήρου καὶ τοῦ λαοῦ, τοῦ Κυρίου δεηθῶμεν.

Ὑπὲρ τῶν δούλων τοῦ Θεοῦ *(τοῦδε)* καὶ *(τῆς δε)*, τῶν νῦν συναπτομένων ἀλλήλοις εἰς γάμου κοινωνίαν, καὶ τῆς σωτηρίας αὐτῶν, τοῦ Κυρίου δεηθῶμεν.

Ὑπὲρ τοῦ εὐλογηθῆναι τὸν γάμον τοῦτον, ὡς τὸν ἐν Κανᾷ τῆς Γαλιλαίας, τοῦ Κυρίου δεηθῶμεν.

Ὑπὲρ τοῦ παρασχεθῆναι αὐτοῖς σωφροσύνην, καὶ καρπὸν κοιλίας πρὸς τὸ συμφέρον, τοῦ Κυρίου δεηθῶμεν.

Ὑπὲρ τοῦ εὐφρανθῆναι αὐτοὺς ἐν ὁράσει υἱῶν καὶ θυγατέρων, τοῦ Κυρίου δεηθῶμεν.

Ὑπὲρ τοῦ δωρηθῆναι αὐτοῖς εὐτεκνίας ἀπόλαυσιν, καὶ ἀκατάγνωστον διαγωγήν, τοῦ Κυρίου δεηθῶμεν.

Ὑπὲρ τοῦ δωρηθῆναι αὐτοῖς τε καὶ ἡμῖν πάντα τὰ πρὸς σωτηρίαν αἰτήματα, τοῦ Κυρίου δεηθῶμεν.

For this holy house and for those who enter it with faith, reverence, and the fear of God, let us pray to the Lord.

For our Archbishop *(Name)*, for the honored order of presbyters, for the diaconate in Christ, for all the clergy and the people, let us pray to the Lord.

For the servants of God **N.** and **N.**, who are now being joined with one another in the communion of marriage, and for their salvation, let us pray to the Lord.

For this marriage to be blessed like that in Cana of Galilee let us pray to the Lord.

For them to be granted chastity and the fruit of the womb as may be expedient for them, let us pray to the Lord.

For them to be given the joy of seeing sons and daughters, let us pray to the Lord.

For them to be granted the delight of the blessing of children and a life without accusation, let us pray to the Lord.

For us and them to be given every request that is for salvation, let us pray to the Lord.

Ὑπὲρ τοῦ ῥυσθῆναι ἡμᾶς ἀπὸ πάσης θλίψεως, ὀργῆς, κινδύνου καὶ ἀνάγκης, τοῦ Κυρίου δεηθῶμεν.

Ἀντιλαβοῦ, σῶσον, ἐλέησον, καὶ διαφύλαξον ἡμᾶς, ὁ Θεός, τῇ σῇ χάριτι.

Ὁ Χορός· Κύριε, ἐλέησον.

Ὁ Διάκονος· Τῆς Παναγίας, ἀχράντου, ὑπερευλογημένης, ἐνδόξου Δεσποίνης ἡμῶν Θεοτόκου, καὶ ἀειπαρθένου Μαρίας, μετὰ πάντων τῶν Ἁγίων μνημονεύσαντες, ἑαυτοὺς καὶ ἀλλήλους, καὶ πᾶσαν τὴν ζωὴν ἡμῶν Χριστῷ τῷ Θεῷ παραθώμεθα.

Ὁ Χορός· Σοί, Κύριε.

Ὁ Ἱερεύς ἐκφώνως·

Ὅτι πρέπει σοι πᾶσα δόξα, τιμὴ καὶ προσκύνησις, τῷ Πατρὶ καὶ τῷ Υἱῷ καὶ τῷ Ἁγίῳ Πνεύματι, νῦν καὶ ἀεὶ καὶ εἰς τοὺς αἰῶνας τῶν αἰώνων.

Ὁ Χορός· Ἀμήν.

Ὁ Διάκονος· Τοῦ Κυρίου δεηθῶμεν.

Ὁ Χορός· Κύριε, ἐλέησον.

Ὁ Ἱερεὺς λέγει τὴν Εὐχὴν ταύτην μεγαλοφώνως·

Ὁ Θεὸς ὁ ἄχραντος, καὶ πάσης κτίσεως δημιουργός, ὁ τὴν πλευρὰν τοῦ προπάτορος Ἀδὰμ διὰ τὴν σὴν φιλανθρωπίαν εἰς γυναῖκα μεταμορφώσας, καὶ εὐλογήσας αὐτούς, καὶ εἰπών· «Αὐξάνεσθε καὶ πληθύνεσθε, καὶ κα-

For our deliverance from all affliction, wrath, danger, and distress, let us pray to the Lord.

Take hold of us, save us, have mercy upon us, and protect us, O God, by Your grace.

People: Lord, have mercy.

Deacon: Commemorating our most holy, most pure, most blessed and glorified Lady the Theotokos and ever-virgin Mary, together with all the saints, let us commit ourselves and one another and all our life unto Christ our God.

People: To You, O Lord.

Priest aloud:

For to You belong all glory, honor, and worship to the Father and the Son and the Holy Spirit, now and forever and to the ages of ages.

Choir: Amen.

Deacon: Let us pray to the Lord.

Choir: Lord, have mercy.

The Priest says the following Prayer out loud:

God most pure, Author of all creation, through your love for mankind you transformed the rib of our forefather Adam into a woman and blessed them saying, 'Increase and multiply and have dominion over

τακυριεύσατε τῆς γῆς», καὶ ἀμφοτέ-
ρους αὐτοὺς ἓν μέλος ἀναδείξας διὰ
τῆς συζυγίας· ἕνεκεν γὰρ τούτου κατα-
λείψει ἄνθρωπος τὸν πατέρα αὐτοῦ καὶ
τὴν μητέρα, καὶ προσκολληθήσεται τῇ
ἰδίᾳ γυναικί, καὶ ἔσονται οἱ δύο εἰς σάρ-
κα μίαν· καί, οὓς ὁ Θεὸς συνέζευξεν,
ἄνθρωπος μὴ χωριζέτω.

Ὁ τὸν θεράποντά σου Ἀβραὰμ
εὐλογήσας, καὶ διανοίξας τὴν μήτραν
Σάρρας, καὶ πατέρα πλήθους ἐθνῶν
ποιήσας· ὁ τὸν Ἰσαὰκ τῇ Ρεβέκκᾳ χαρι-
σάμενος, καὶ τὸν τόκον αὐτῆς εὐλογή-
σας· ὁ τὸν Ἰακὼβ τῇ Ραχὴλ συνάψας,
καὶ ἐξ αὐτοῦ τοὺς δώδεκα Πατριάρ-
χας, ἀναδείξας· ὁ τὸν Ἰωσὴφ καὶ τὴν
Ἀσυνὲθ συζεύξας, καρπὸν παιδοποιΐας
αὐτοῖς τὸν Ἐφραίμ, καὶ τὸν Μανασσῆν
χαρισάμενος· ὁ τὸν Ζαχαρίαν καὶ τὴν
Ἐλισάβετ προσδεξάμενος, καὶ Πρό-
δρομον τὸν τόκον αὐτῶν ἀναδείξας· ὁ
ἐκ τῆς ῥίζης Ἰεσσαὶ τὸ κατὰ σάρκα βλα-
στήσας τὴν ἀειπάρθενον, καὶ ἐξ αὐτῆς
σαρκωθεὶς καὶ τεχθεὶς εἰς σωτηρίαν
τοῦ γένους τῶν ἀνθρώπων·

Ὁ διὰ τὴν ἄφραστόν σου δωρεὰν
καὶ πολλὴν ἀγαθότητα παραγενόμενος
ἐν Κανᾷ τῆς Γαλιλαίας καὶ τὸν ἐκεῖσε
γάμον εὐλογήσας, ἵνα φανερώσῃς ὅτι
σὸν θέλημά ἐστιν ἡ ἔννομος συζυγία
καὶ ἡ ἐξ αὐτῆς παιδοποιΐα.

Αὐτός, Δέσποτα Πανάγιε, πρόσδε-
ξαι τὴν δέησιν ἡμῶν τῶν ἱκετῶν σου,
ὡς ἐκεῖσε καὶ ἐνταῦθα παραγενόμενος

the earth', and declared them both to
be one through wedlock, 'for because
of this a man will abandon his father
and mother and be attached to his
own wife, and the two shall become
one flesh' and 'those whom God has
joined together, let no person sepa-
rate.'

You blessed your servant Abraham
and opened Sara's womb, making him
the father of many nations. You gave
Isaac to Rebecca and blessed her off-
spring. You joined Jacob with Rachel
and from him revealed the Twelve
Patriarchs. You yoked together Jo-
seph and Aseneth and gave them as
the fruit of their union Ephraim and
Manasse. You accepted Zacharias
and Elizabeth and declared their
offspring to be the Forerunner. You
made the Ever-Virgin spring from the
root of Jesse according to the flesh,
and from her you became incarnate
and were born for the salvation of the
human race.

Through your ineffable gift and
great goodness you were present in
Cana of Galilee and blessed the mar-
riage there, to show that lawful wed-
lock and the begetting of children
that comes from it is your will.

All-holy Master, accept the en-
treaty of us, your suppliants, and, as
you were present there, be present

τῇ ἀοράτῳ σου ἐπιστασίᾳ· εὐλόγησον τὸν γάμον τοῦτον, καὶ παράσχου τοῖς δούλοις σου τούτοις *(τῷ δεῖνι)* καὶ *(τῇ δεῖνι)* ζωὴν εἰρηνικήν, μακροημέρευσιν, σωφροσύνην, τὴν εἰς ἀλλήλους ἀγάπην ἐν τῷ συνδέσμῳ τῆς εἰρήνης, σπέρμα μακρόβιον, τὴν ἐπὶ τέκνοις χάριν, τὸν ἀμαράντινον τῆς δόξης στέφανον.

Ἀξίωσον αὐτοὺς ἰδεῖν τέκνα τέκνων· τὴν κοίτην αὐτῶν ἀνεπιβούλευτον διατήρησον· καὶ δὸς αὐτοῖς ἀπὸ τῆς δρόσου τοῦ οὐρανοῦ ἄνωθεν, καὶ ἀπὸ τῆς πιότητος τῆς γῆς· ἔμπλησον τοὺς οἴκους αὐτῶν σίτου, οἴνου καὶ ἐλέου καὶ πάσης ἀγαθωσύνης, ἵνα μεταδιδῶσι καὶ τοῖς χρείαν ἔχουσι· Δωρούμενος ἅμα καὶ τοῖς συμπαροῦσι πάντα τὰ πρὸς σωτηρίαν αἰτήματα.

Ὅτι Θεὸς ἐλέους, οἰκτιρμῶν καὶ φιλανθρωπίας ὑπάρχεις, καὶ σοὶ τὴν δόξαν ἀναπέμπομεν, σὺν τῷ ἀνάρχῳ σου Πατρί, καὶ τῷ παναγίῳ καὶ ἀγαθῷ καὶ ζωοποιῷ σου Πνεύματι, νῦν καὶ ἀεὶ καὶ εἰς τοὺς αἰῶνας τῶν αἰώνων.

Ὁ Χορός· Ἀμήν.

Ὁ Διάκονος· Τοῦ Κυρίου δεηθῶμεν.

Ὁ Χορός· Κύριε, ἐλέησον.

Ὁ Ἱερεὺς λέγει τὴν Εὐχὴν ταύτην μεγαλοφώνως·

here also with your invisible protection. Bless this marriage and grant to these servants of yours, **N.** and **N.**, a peaceful life, length of days, chastity, love for each other in the bond of peace, long-lived offspring, grace in their children and an unfading crown of glory.

Grant that they may see their children's children. Preserve their marriage bed unassailed. Give them of the dew of heaven from on high and of the richness of the earth. Fill their houses with wheat, wine and oil and every good thing, so that they may also share them with those in need. Grant also to those here with them all their requests that are for salvation.

Because you are a God of mercy and compassion and love for humankind, and to you we give glory, together with your Father who has no beginning, and your all-holy, good and life-giving Spirit, now and for ever, and to the ages of ages.

Choir: Amen.

Deacon: Let us pray to the Lord.

Choir: Lord, have mercy.

The Priest says the following Prayer out loud:

Εὐλογητὸς εἶ, Κύριε ὁ Θεὸς ἡμῶν, ὁ τοῦ μυστικοῦ καὶ ἀχράντου γάμου ἱερουργὸς καὶ τοῦ σωματικοῦ νομοθέτης, ὁ τῆς ἀφθαρσίας φύλαξ, καὶ τῶν βιοτικῶν ἀγαθὸς οἰκονόμος· αὐτὸς καὶ νῦν, Δέσποτα, ὁ ἐν ἀρχῇ πλάσας τὸν ἄνθρωπον, καὶ θέμενος αὐτὸν ὡς βασιλέα τῆς κτίσεως, καὶ εἰπών· «Οὐ καλὸν εἶναι τὸν ἄνθρωπον μόνον ἐπὶ τῆς γῆς· ποιήσωμεν αὐτῷ βοηθὸν κατ᾽· αὐτόν»· καὶ λαβὼν μίαν τῶν πλευρῶν αὐτοῦ, ἔπλασας γυναῖκα, ἣν ἰδὼν Ἀδὰμ εἶπε· «Τοῦτο νῦν ὀστοῦν ἐκ τῶν ὀστῶν μου καὶ σάρξ ἐκ τῆς σαρκός μου· αὕτη κληθήσεται γυνή, ὅτι ἐκ τοῦ ἀνδρὸς αὐτῆς ἐλήφθη αὕτη· ἕνεκεν τούτου καταλείψει ἄνθρωπος τὸν πατέρα αὐτοῦ καὶ τὴν μητέρα, καὶ προσκολληθήσεται πρὸς τὴν γυναῖκα αὐτοῦ, καὶ ἔσονται οἱ δύο εἰς σάρκα μίαν»· καὶ «οὓς ὁ Θεὸς συνέζευξεν, ἄνθρωπος μὴ χωριζέτω»· Αὐτὸς καὶ νῦν, Δέσποτα Κύριε, ὁ Θεὸς ἡμῶν, κατάπεμψον τὴν χάριν σου τὴν ἐπουράνιον ἐπὶ τοὺς δούλους σου τούτους *(τὸν δεῖνα)* καὶ *(τὴν δεῖνα)*. καὶ δὸς τῇ παιδίσκῃ ταύτῃ ἐν πᾶσιν ὑποταγῆναι τῷ ἀνδρί, καὶ τὸν δοῦλόν σου τοῦτον εἶναι εἰς κεφαλὴν τῆς γυναικός, ὅπως βιώσωσι κατὰ τὸ θέλημά σου.

Εὐλόγησον αὐτούς, Κύριε, ὁ Θεὸς ἡμῶν, ὡς εὐλόγησας τὸν Ἀβραὰμ καὶ τὴν Σάρραν.

Blessed are you, Lord our God, sacred Celebrant of the mystical and most pure marriage, Lawgiver of bodily marriage, Guardian of incorruption, loving Steward of our livelihood. In the beginning, Master, you fashioned man and established him as king of creation, and said, "It is not good for man to be alone on the earth. Let us make him a helper like himself." And taking one of his ribs you fashioned a woman. When Adam saw her he said, "Now this is bone from my bones and flesh from my flesh. She will be called 'woman' because she was taken from her man. For this reason a man will leave behind his father and mother and be joined to his wife, and the two shall become one flesh," and "those whom God has joined together, let no human separate." Now, Master, Lord our God, send down your heavenly grace also on these servants of yours, *N.* and *N.*, and grant that this handmaid of yours may be subject in all things to her husband and that this servant of yours may be the head of his wife, so that they may live in accordance with your will.

Bless them, Lord our God, as you blessed Abraham and Sara.

Εὐλόγησον αὐτούς, Κύριε ὁ Θεὸς ἡμῶν, ὡς εὐλόγησας τὸν Ἰσαὰκ καὶ τὴν Ῥεβέκκαν.

Εὐλόγησον αὐτοὺς Κύριε ὁ Θεὸς ἡμῶν, ὡς εὐλόγησας τὸν Ἰακὼβ καὶ πάντας τοὺς πατριάρχας.

Εὐλόγησον αὐτούς, Κύριε ὁ Θεὸς ἡμῶν, ὡς εὐλόγησας τὸν Ἰωσὴφ καὶ τὴν Ἀσυνέθ.

Εὐλόγησον αὐτούς, Κύριε ὁ Θεὸς ἡμῶν, ὡς εὐλόγησας Μωσέα καὶ Σεπφόραν.

Εὐλόγησον αὐτούς, Κύριε ὁ Θεὸς ἡμῶν, ὡς εὐλόγησας Ἰωακεὶμ καὶ τὴν Ἄνναν.

Εὐλόγησον αὐτούς, Κύριε ὁ Θεὸς ἡμῶν, ὡς εὐλόγησας Ζαχαρίαν καὶ τὴν Ἐλισάβετ.

Διαφύλαξον αὐτούς, Κύριε ὁ Θεὸς ἡμῶν, ὡς διεφύλαξας τὸν Νῶε ἐν τῇ Κιβωτῷ. Διαφύλαξον αὐτούς, Κύριε ὁ Θεὸς ἡμῶν, ὡς διεφύλαξας τὸν Ἰωνᾶν ἐν τῇ κοιλίᾳ τοῦ κήτους.

Διαφύλαξον αὐτούς, Κύριε ὁ Θεὸς ἡμῶν, ὡς διεφύλαξας τοὺς ἁγίους τρεῖς Παῖδας ἐκ τοῦ πυρός, καταπέμψας αὐτοῖς δρόσον οὐρανόθεν·

Καὶ ἔλθοι ἐπ᾽ αὐτοὺς ἡ χαρὰ ἐκείνη, ἣν ἔσχεν ἡ μακαρία Ἑλένη, ὅτε εὗρε τὸν τίμιον Σταυρόν.

Bless them, Lord our God, as you blessed Isaac and Rebecca.

Bless them, Lord our God, as you blessed Jacob and all the Patriarchs.

Bless them, Lord our God, as you blessed Joseph and Aseneth.

Bless them, Lord our God, as you blessed Moses and Sepphora.

Bless them, Lord our God, as you blessed Joachim and Anna.

Bless them, Lord our God, as you blessed Zacharias and Elizabeth.

Preserve them, Lord our God, as you preserved Noë in the Ark. Preserve them, Lord our God, as you preserved Jonas in the belly of the whale.

Preserve them, Lord our God, as you preserved the three holy Youths from the fire, by sending down on them dew from heaven.

And let the joy come upon them that the blessed Helen had when she found the precious Cross.

Μνημόνευσον αὐτῶν, Κύριε ὁ Θεὸς ἡμῶν, ὡς ἐμνημόνευσας τοῦ Ἐνώχ, τοῦ Σήμ, τοῦ Ἠλία.

Μνημόνευσον αὐτῶν, Κύριε ὁ Θεὸς ἡμῶν, ὡς ἐμνημόνευσας τῶν ἁγίων σου Τεσσαράκοντα Μαρτύρων, καταπέμψας αὐτοῖς οὐρανόθεν τοὺς στεφάνους.

Μνημόνευσον, Κύριε ὁ Θεὸς ἡμῶν, καὶ τῶν ἀναθρεψάντων αὐτοὺς γονέων· ὅτι εὐχαὶ γονέων στηρίζουσι θεμέλια οἴκων.

Μνημόνευσον, Κύριε ὁ Θεὸς ἡμῶν, τῶν δούλων σου τῶν Παρανύμφων, τῶν συνελθόντων εἰς τὴν χαρὰν ταύτην.

Μνημόνευσον, Κύριε ὁ Θεὸς ἡμῶν, τοῦ δούλου σου *(τοῦδε)* καὶ τῆς δούλης σου *(τῆς δε)*, καὶ εὐλόγησον αὐτούς.

Δὸς αὐτοῖς καρπὸν κοιλίας, καλλιτεκνίαν, ὁμόνοιαν ψυχῶν καὶ σωμάτων.

Ὕψωσον αὐτοὺς ὡς τὰς κέδρους τοῦ Λιβάνου, ὡς ἄμπελον εὐκληματοῦσαν.

Δώρησαι αὐτοῖς σπέρμα στάχυος, ἵνα, πᾶσαν αὐτάρκειαν ἔχοντες, περισσεύσωσιν εἰς πᾶν ἔργον ἀγαθὸν καὶ σοὶ εὐάρεστον, καὶ ἴδωσιν υἱοὺς τῶν υἱῶν αὐτῶν, ὡς νεόφυτα ἐλαιῶν κύκλῳ τῆς τραπέζης αὐτῶν· καὶ, εὐαρεστήσαντες ἐνώπιόν σου, λάμψωσιν ὡς φωστῆρες ἐν οὐρανῷ, ἐν σοὶ τῷ Κυρίῳ ἡμῶν· ᾧ

Remember them, Lord our God, as you remembered Enoch, Sem and Elias.

Remember them, Lord our God, as you remembered the holy Forty Martyrs, sending down on them crowns from heaven.

Remember also, Lord our God, the parents who have brought them up, for the prayers of parents make firm the foundations of households.

Remember, Lord our God, your servants the groomsmen and bridesmaids, who have come together to share this joy.

Remember, Lord our God, your servant N. and your servant N., and bless them.

Give them the fruit of the womb, fair offspring, concord of soul and body.

Exalt them like the cedars of Lebanon, like a well-cultured vine.

Grant then rich harvest, so that, having all sufficiency for themselves, they may overflow into every good work that is also well-pleasing to you, and that they may see their children's children like newly planted olive trees all around their table. And, having been well pleasing to you, may they

πρέπει πᾶσα δόξα, κράτος, τιμή, καὶ προσκύνησις, νῦν καὶ ἀεὶ καὶ εἰς τοὺς αἰῶνας τῶν αἰώνων.

Ὁ Χορός· Ἀμήν.

Ὁ Διάκονος· Τοῦ Κυρίου δεηθῶμεν.

Ὁ Χορός· Κύριε, ἐλέησον.

*Καὶ πάλιν ὁ Ἱερεὺς τὴν
Εὐχὴν ταύτην ἐκφώνως·*

Ὁ Θεὸς ὁ ἅγιος, ὁ πλάσας ἐκ χοὸς τὸν ἄνθρωπον, καὶ ἐκ τῆς πλευρᾶς αὐτοῦ ἀνοικοδομήσας γυναῖκα, καὶ συζεύξας αὐτῷ βοηθὸν κατ᾽ αὐτόν, διὰ τὸ οὕτως ἀρέσαι τῇ σῇ μεγαλειότητι, μὴ μόνον εἶναι τὸν ἄνθρωπον ἐπὶ τῆς γῆς· αὐτὸς καὶ νῦν, Δέσποτα, ἐξαπόστειλον τὴν χεῖρά σου ἐξ ἁγίου κατοικητηρίου σου, καὶ ἅρμοσον *(τούτου λεγομένου, ὁ Ἱερεὺς ἁρμόζει τὰς δεξιὰς τῶν νυμφευομένων)* τὸν δοῦλον σου *(τόν δε)* καὶ τὴν δούλην σου *(τήν δε)*, ὅτι παρὰ σοῦ ἁρμόζεται ἀνδρὶ γυνή. Σύζευξον αὐτοὺς ἐν ὁμοφροσύνῃ· στεφάνωσον αὐτοὺς εἰς σάρκα μίαν· χάρισαι αὐτοῖς καρπὸν κοιλίας, εὐτεκνίας ἀπόλαυσιν.

Ὅτι σὸν τὸ κράτος, καὶ σοῦ ἐστιν ἡ βασιλεία καὶ ἡ δύναμις καὶ ἡ δόξα, τοῦ Πατρὸς καὶ τοῦ Υἱοῦ καὶ τοῦ Ἁγίου Πνεύματος, νῦν καὶ ἀεὶ καὶ εἰς τοὺς αἰῶνας τῶν αἰώνων.

Ὁ Χορός· Ἀμήν.

shine like beacons in heaven, in you our Lord, to whom belong all glory might, honor and worship, now and for ever, and to the ages of ages.

Choir: Amen.

Deacon: Let us pray to the Lord.

Choir: Lord, have mercy.

*And again the Priest says
the following prayer aloud:*

Holy God, who fashioned man from dust, and from his rib built up a woman and yoked her to him as a helper like himself, for it was not pleasing to your greatness for man to be alone on earth, do you, Master, now send forth your hand from your holy dwelling, and link *(saying this, the Priest joins the couple's right hands)* your servant **N.** and your servant **N.**, because it is by you that a wife is linked to her husband. Yoke them together in likeness of mind. Crown them into one flesh. Grant them fruit of the womb, enjoyment of fair offspring.

For yours is the might, and yours the kingdom, the power and the glory, of the Father, the Son and the Holy Spirit, now and for ever, and to the ages of ages.

Choir: Amen.

Καὶ λαβὼν ὁ Ἱερεὺς τὰ Στέφανα,
στέφει πρῶτον τὸν Νυμφίον, λέγων·

Στέφεται ὁ δοῦλος τοῦ Θεοῦ *(ὁ δεῖ-*
να), τὴν δούλην τοῦ Θεοῦ *(τὴν*
δε), εἰς τὸ ὄνομα τοῦ Πατρός, καὶ τοῦ
Υἱοῦ, καὶ τοῦ Ἁγίου Πνεύματος. Ἀμήν.
(γ΄)

Τοῦτο δὲ λέγει ἐκ τρίτου,
ποιῶν σχῆμα Σταυροῦ.

Εἶτα στέφει καὶ τὴν Νύμφην, λέγων·

Στέφεται ἡ δούλη τοῦ Θεοῦ *(ἡ δεῖ-*
να), τὸν δοῦλον τοῦ Θεοῦ *(τόν*
δε), εἰς τὸ ὄνομα τοῦ Πατρός, καὶ τοῦ
Υἱοῦ, καὶ τοῦ Ἁγίου Πνεύματος. Ἀμήν.
(γ΄)

Εἶτα τίθησι τὰ Στέφανα ἐπὶ τὰς κεφαλὰς
τῶν Νυμφίων, ψάλλων ἐκ τρίτου·

Κύριε ὁ Θεὸς ἡμῶν, δόξῃ καὶ τιμῇ
στεφάνωσον αὐτούς.

Ὁ Διάκονος· Πρόσχωμεν.

Ὁ Ἀναγνώστης· Ἔθηκας ἐπὶ τὴν
κεφαλὴν αὐτῶν στεφάνους ἐκ λίθων
τιμίων.

Στίχ. *Ζωὴν ᾐτήσαντό σε, καὶ ἔδωκας αὐτοῖς*
μακρότητα ἡμερῶν.

Ὁ Διάκονος· Σοφία.

Ὁ Ἀναγνώστης· Πρὸς Ἐφεσίους
Ἐπιστολῆς Παύλου τὸ Ἀνάγνωσμα.

Ὁ Διάκονος· Πρόσχωμεν.

The Priest takes the Crowns and
first crowns the Bridegroom, saying:

The servant of God, **N.**, takes as
his crown the servant of God,
N., in the name of the Father, and
of the Son, and of the Holy Spirit.
Amen. *(x3)*

He says this three times as he makes
the sign of the Cross on each of them.

Then the Priest crowns the Bride, saying:

The servant of God, **N.**, takes as
her crown the servant of God,
N., in the name of the Father, and
of the Son, and of the Holy Spirit.
Amen. *(x3)*

Then he places the crowns on the heads
of the Bride and Groom, chanting three times:

O Lord our God, with glory and
honor crown them.

Deacon: Let us be attentive.

Reader: Thou have set upon their
heads crowns of precious stones.

Verse: *They have asked you for life, and you*
have given them length of days.

Deacon: Wisdom.

Reader: The Reading is from the
Epistle of Paul to the Ephesians.

Deacon: Let us be attentive.

28

Κεφ. ε΄ 20-33

Ἀδελφοί, εὐχαριστεῖτε πάντο-τε ὑπὲρ πάντων, ἐν ὀνόματι τοῦ Κυρίου ἡμῶν Ἰησοῦ Χριστοῦ τῷ Θεῷ καὶ Πατρί, ὑποτασσόμενοι ἀλλήλοις ἐν φόβῳ Χριστοῦ. Αἱ γυναῖκες τοῖς ἰδίοις ἀνδράσιν ὑποτάσσεσθε ὡς τῷ Κυρίῳ, ὅτι ὁ ἀνήρ ἐστι κεφαλὴ τῆς γυναικός, ὡς καὶ ὁ Χριστὸς κεφαλὴ τῆς Ἐκκλησί-ας, καὶ αὐτός ἐστι σωτὴρ τοῦ σώματος. Ἀλλ᾽ ὥσπερ ἡ Ἐκκλησία ὑποτάσσεται τῷ Χριστῷ, οὕτω καὶ αἱ γυναῖκες τοῖς ἰδίοις ἀνδράσιν ἐν παντί. Οἱ ἄνδρες ἀγαπᾶτε τὰς γυναῖκας ἑαυτῶν, καθὼς καὶ ὁ Χριστὸς ἠγάπησε τὴν Ἐκκλησίαν καὶ ἑαυτὸν παρέδωκεν ὑπὲρ αὐτῆς, ἵνα αὐτὴν ἁγιάσῃ, καθαρίσας τῷ λουτρῷ τοῦ ὕδατος ἐν ῥήματι, ἵνα παραστήσῃ αὐτὴν ἑαυτῷ ἔνδοξον τὴν Ἐκκλησίαν, μὴ ἔχουσαν σπίλον ἢ ῥυτίδα ἤ τι τῶν τοιούτων, ἀλλ᾽ ἵνα ᾖ ἁγία καὶ ἄμωμος. Οὕτως ὀφείλουσιν οἱ ἄνδρες ἀγαπᾶν τὰς ἑαυτῶν γυναῖκας, ὡς τὰ ἑαυτῶν σώματα· ὁ ἀγαπῶν τὴν ἑαυτοῦ γυναῖκα ἑαυτὸν ἀγαπᾷ· οὐδεὶς γάρ ποτε τὴν ἑαυτοῦ σάρκα ἐμίσησεν, ἀλλ᾽ ἐκτρέφει καὶ θάλπει αὐτήν, καθὼς καὶ ὁ Κύριος τὴν Ἐκκλησίαν· ὅτι μέλη ἐσμὲν τοῦ σώ-ματος αὐτοῦ, ἐκ τῆς σαρκὸς αὐτοῦ καὶ ἐκ τῶν ὀστέων αὐτοῦ· ἀντὶ τούτου κα-ταλείψει ἄνθρωπος τὸν πατέρα αὐτοῦ καὶ τὴν μητέρα καὶ προσκολληθήσεται πρὸς τὴν γυναῖκα αὐτοῦ, καὶ ἔσονται οἱ δύο εἰς σάρκα μίαν. Τὸ μυστήριον τοῦτο μέγα ἐστίν, ἐγὼ δὲ λέγω εἰς Χρι-

Chapter 5:20-33

Brethren, always giving thanks for everything in the Name of our Lord Jesus Christ, even to God the Father. [Finally], be in mutu-al subjection in the fear of Christ. Wives, be subject to your own hus-bands as [you are] to the Lord. For the husband is the head of the wife, as Christ is the head of the Church, and he is the savior of the body. As the Church is subject to Christ, wives should likewise be subject to their own husbands in everything. Hus-bands, love your wives, just as Christ loved the Church and gave himself up for her in order to sanctify her, hav-ing purified her by the washing of water with the word, so that he might present her to himself in glory, with-out any spot or wrinkle or any such thing, but holy and flawless. In the same way, a husband should love his wife as his [own] body. He who loves his own wife loves himself! No man ever hates his own body but feeds it and cares for it, as the Lord also does for the Church. Yes, we are members of his body, his very flesh and bones! This is why a man will leave his father and mother and will be joined to his wife; and the two will become one flesh. This is a great mystery: I speak concerning Christ and the Church. Now concerning you: each one of

στὸν καὶ εἰς τὴν Ἐκκλησίαν. Πλὴν καὶ ὑμεῖς οἱ καθ᾽ ἕνα, ἕκαστος τὴν ἑαυτοῦ γυναῖκα οὕτως ἀγαπάτω ὡς ἑαυτόν, ἡ δὲ γυνὴ ἵνα φοβῆται τὸν ἄνδρα.

Ὁ Ἱερεύς· Εἰρήνη σοι τῷ ἀναγινώσκοντι.

Ὁ Χορός· Καί τῷ πνεύματί σου. Ἀλληλούϊα, ἀλληλούϊα, ἀλληλούϊα.

Ὁ Ἱερεύς· Σοφία. Ὀρθοί, ἀκούσωμεν τοῦ ἁγίου Εὐαγγελίου.

Καὶ εὐλογῶν τὸν λαὸν λέγει·

Εἰρήνη πᾶσι.

Ὁ Χορός· Καὶ τῷ πνεύματί σου.

Ὁ Διάκονος· Ἐκ τοῦ κατὰ Ἰωάννην ἁγίου Εὐαγγελίου τὸ ἀνάγνωσμα.

Ὁ Ἱερεύς· Πρόσχωμεν.

Ὁ Χορός· Δόξα Σοι, Κύριε, δόξα Σοι.

Ὁ Ἱερεύς·

Κεφ. β΄ 1-11

Τῷ καιρῷ ἐκείνῳ, γάμος ἐγένετο ἐν Κανᾷ τῆς Γαλιλαίας, καὶ ἦν ἡ μήτηρ τοῦ Ἰησοῦ ἐκεῖ· ἐκλήθη δὲ καὶ ὁ Ἰησοῦς καὶ οἱ μαθηταὶ αὐτοῦ εἰς τὸν γάμον. Καὶ ὑστερήσαντος οἴνου, λέγει ἡ μήτηρ τοῦ Ἰησοῦ πρὸς αὐτόν· Οἶνον οὐκ ἔχουσι. Λέγει αὐτῇ ὁ Ἰησοῦς· Τί ἐμοὶ καὶ σοί, γύναι; οὔπω ἥκει ἡ ὥρα μου. Λέγει ἡ μήτηρ αὐτοῦ τοῖς διακόνοις· Ὅ,τι ἂν λέγῃ ὑμῖν, ποιήσατε. Ἦσαν δὲ ἐκεῖ ὑδρίαι λίθιναι ἓξ κεί-

you must also love his own wife even as his own self; and the wife must respect her husband.

Priest: Peace be with you the Reader.

Choir: And with your spirit. Alleluia. Alleluia. Alleluia.

Priest: Wisdom. Arise. Let us hear the holy Gospel.

And blessing the people he says:

Peace be with all.

Choir: And with your spirit.

Deacon: The reading is from the Holy Gospel according to John.

Priest: Let us be attentive.

Choir: Glory to You, O Lord, glory to You.

Priest:

Chapter 2:1-11

At that time, there was a wedding in Cana of Galilee, and the mother of Jesus was there. Jesus also was invited with his disciples to the wedding. When the wine ran out, Jesus' mother said to him, "They have no wine." Jesus said to her, "Woman, what [is that] to you and me? My hour has not yet come." His mother said to the servants, "Whatever he tells you to do, do it." Now six wa-

μεναι κατὰ τὸν καθαρισμὸν τῶν Ἰουδαίων, χωροῦσαι ἀνὰ μετρητὰς δύο ἢ τρεῖς. Λέγει αὐτοῖς ὁ Ἰησοῦς· Γεμίσατε τὰς ὑδρίας ὕδατος. Καὶ ἐγέμισαν αὐτὰς ἕως ἄνω. Καὶ λέγει αὐτοῖς· Ἀντλήσατε νῦν καὶ φέρετε τῷ ἀρχιτρικλίνῳ. Καὶ ἤνεγκαν. Ὡς δὲ ἐγεύσατο ὁ ἀρχιτρίκλινος τὸ ὕδωρ οἶνον γεγενημένον (καὶ οὐκ ᾔδει πόθεν ἐστίν· οἱ δὲ διάκονοι ᾔδεισαν οἱ ἠντληκότες τὸ ὕδωρ) φωνεῖ τὸν νυμφίον ὁ ἀρχιτρίκλινος καὶ λέγει αὐτῷ· Πᾶς ἄνθρωπος πρῶτον τὸν καλὸν οἶνον τίθησι, καὶ ὅταν μεθυσθῶσι, τότε τὸν ἐλάσσω· σὺ δὲ τετήρηκας τὸν καλὸν οἶνον ἕως ἄρτι. Ταύτην ἐποίησε τὴν ἀρχὴν τῶν σημείων ὁ Ἰησοῦς ἐν Κανᾷ τῆς Γαλιλαίας καὶ ἐφανέρωσε τὴν δόξαν αὐτοῦ, καὶ ἐπίστευσαν εἰς αὐτὸν οἱ Μαθηταὶ αὐτοῦ.

Ὁ Χορός ψάλλει:

Δόξα Σοι, Κύριε, δόξα Σοι.

Ὁ Διάκονος· Εἴπωμεν πάντες ἐξ ὅλης τῆς ψυχῆς καὶ ἐξ ὅλης τῆς διανοίας ἡμῶν, εἴπωμεν.

Ὁ Χορός· Κύριε, ἐλέησον (γ΄).

Ὁ Διάκονος· Κύριε, Παντοκράτορ, ὁ Θεὸς τῶν πατέρων ἡμῶν, δεόμεθά Σου, ἐπάκουσον καὶ ἐλέησον.

ter jars made of stone were set there, meant for the rites of purification of the Jews, and they each contained two or three measures. Jesus said to them, "Fill the jars with water!" So they filled them up to the brim. He then said to them, "Now draw some out, and take it to the chief steward of the feast." And they did so. When the chief steward of the feast tasted the water now become wine (not knowing where it had come from, but the servants who had drawn the water knew), he called the bridegroom and said to him, "Everyone serves the good wine first, and after the guests have drunk freely, then the inferior one. But you have kept the good wine until now!" This, the beginning of his signs, Jesus performed in Cana of Galilee. He revealed his glory, and his disciples believed in him.

The Choir sings:

Glory to You, O Lord, glory to You.

Deacon: Let us all say, with all our soul and with all our mind, let us say.

Chanter: Lord, have mercy. (x3)

Deacon: Lord almighty, the God of our fathers, we pray you, hear and have mercy.

Ἐλέησον ἡμᾶς, ὁ Θεός, κατὰ τὸ μέγα ἔλεός Σου, δεόμεθά Σου, ἐπάκουσον καὶ ἐλέησον.

Ἔτι δεόμεθα ὑπὲρ ἐλέους, ζωῆς, εἰρήνης, ὑγίειας καὶ σωτηρίας τῶν δούλων σου *(τοῦ δεῖνος)* καὶ *(τῆς δεῖνος)* καὶ ὑπὲρ τοῦ περιεστῶτος λαοῦ, τῶν ἀπεκδεχομένων τὸ παρὰ σοῦ πλούσιον ἔλεος.

Ὁ Ἱερεὺς ἐκφώνως·

Ὅτι ἐλεήμων καὶ φιλάνθρωπος Θεὸς ὑπάρχεις, καὶ Σοὶ τὴν δόξαν ἀναπέμπομεν, τῷ Πατρὶ καὶ τῷ Υἱῷ καὶ τῷ Ἁγίῳ Πνεύματι, νῦν καὶ ἀεὶ καὶ εἰς τοὺς αἰῶνας τῶν αἰώνων.

Ὁ Χορός· Ἀμήν.

Ὁ Διάκονος· Τοῦ Κυρίου δεηθῶμεν.

Ὁ Χορός· Κύριε, ἐλέησον.

Καὶ ὁ Ἱερεὺς τὴν Εὐχὴν ταύτην·

Κύριε ὁ Θεὸς ἡμῶν, ὁ ἐν τῇ σωτηριώδει σου οἰκονομίᾳ καταξιώσας ἐν Κανᾷ τῆς Γαλιλαίας τίμιον ἀναδεῖξαι τὸν γάμον, διὰ τῆς σῆς παρουσίας, αὐτὸς καὶ νῦν τοὺς δούλους σου *(τὸν δεῖνα)* καὶ *(τὴν δεῖνα)*, οὓς ηὐδόκησας συναφθῆναι ἀλλήλοις, ἐν εἰρήνῃ καὶ ὁμονοίᾳ διαφύλαξον. Τίμιον αὐτοῖς τὸν γάμον ἀνάδειξον· ἀμίαντον αὐτῶν τὴν κοίτην διατήρησον· ἀκηλίδωτον αὐτῶν τὴν συμβίωσιν διαμεῖναι εὐδόκησον· καὶ καταξίωσον αὐτοὺς ἐν γήρει πίονι

Have mercy on us, O God, according to your great mercy, we pray you, hear and have mercy.

Again we pray for mercy, life, peace, health, salvation, visitation, pardon and forgiveness of sins for the servants of God, **N.** and **N.**, and for the people here present, who await your great and rich mercy.

Priest aloud:

For you, O God, are merciful, and love mankind, and to you we give glory, to the Father, the Son and the Holy Spirit, now and for ever, and to the ages of ages.

Choir: Amen.

Deacon: Let us pray to the Lord.

Choir: Lord, have mercy.

And the Priest says this prayer:

Lord, our God, who in your saving dispensation were pleased in Cana of Galilee to declare marriage honorable by your presence, now too preserve in peace and concord your servants, **N.** and **N.**, whom you have been well-pleased to join to each other. Declare their marriage honorable; keep their marriage bed undefiled; be well pleased for their life together to be without spot; and grant that they may reach a ripe old age, carrying out

καταντῆσαι, ἐν καθαρᾷ τῇ καρδίᾳ ἐρ-γαζομένους τὰς ἐντολάς σου.

Σὺ γὰρ εἶ ὁ Θεὸς ἡμῶν, Θεὸς τοῦ ἐλεεῖν καὶ σῴζειν, καὶ σοὶ τὴν δόξαν ἀναπέμπομεν, σὺν τῷ ἀνάρχῳ σου Πα-τρί, καὶ τῷ παναγίῳ καὶ ἀγαθῷ καὶ ζω-οποιῷ σου Πνεύματι, νῦν καὶ ἀεὶ καὶ εἰς τοὺς αἰῶνας τῶν αἰώνων.

Ὁ Χορός· Ἀμήν.

Ὁ Διάκονος· Ἀντιλαβοῦ, σῶσον, ἐλέησον καὶ διαφύλαξον ἡμᾶς, ὁ Θεός, τῇ Σῇ χάριτι.

Ὁ Χορός· Κύριε ἐλέησον.

Τὴν ἡμέραν πᾶσαν, τελείαν, ἁγίαν, εἰρηνικὴν καὶ ἀναμάρτητον παρὰ τοῦ Κυρίου αἰτησώμεθα.

Ὁ Χορός· Παράσχου, Κύριε. (μεθ᾽ ἑκάστην δέησιν)

Ὁ Διάκονος· Ἄγγελον εἰρήνης, πιστὸν ὁδηγόν, φύλακα τῶν ψυχῶν καὶ τῶν σωμάτων ἡμῶν, παρὰ τοῦ Κυρίου αἰτησώμεθα.

Συγγνώμην καὶ ἄφεσιν τῶν ἁμαρ-τιῶν καὶ τῶν πλημμελημάτων ἡμῶν, παρὰ τοῦ Κυρίου αἰτησώμεθα.

Τὰ καλὰ καὶ συμφέροντα ταῖς ψυ-χαῖς ἡμῶν, καὶ εἰρήνην τῷ κόσμῳ, παρὰ τοῦ Κυρίου αἰτησώμεθα.

your commandments with a pure heart.

For you are our God, a God who has mercy and who saves, and to you we give glory, together with your Father who has no beginning, and your all-holy, good, and life-giving Spirit, now and for ever, and to the ages of ages.

Choir: Amen.

Deacon: Help us, save us, have mercy upon us, and keep us O God, by your grace.

Choir: Lord, have mercy.

For a perfect, holy, peaceful, and sinless day, let us ask the Lord.

Choir: Grant this, O Lord. (And the rest of the petitions)

Deacon: For an angel of peace, a faithful guide, a guardian of our souls and bodies, let us ask the Lord.

For forgiveness and remission of our sins and transgressions, let us ask the Lord.

For all that is good and benefi-cial to our souls, and for peace in the world, let us ask the Lord.

Τὸν ὑπόλοιπον χρόνον τῆς ζωῆς ἡμῶν, ἐν εἰρήνῃ καὶ μετανοίᾳ ἐκτελέσαι, παρὰ τοῦ Κυρίου αἰτησώμεθα.

Τὴν ἑνότητα τῆς πίστεως, καὶ τὴν κοινωνίαν τοῦ Ἁγίου Πνεύματος αἰτησάμενοι, ἑαυτοὺς καὶ ἀλλήλους καὶ πᾶσαν τὴν ζωὴν ἡμῶν Χριστῷ τῷ Θεῷ παραθώμεθα.

Ὁ Χορός· Σοί, Κύριε.

Ὁ Ἱερεύς· Καὶ καταξίωσον ἡμᾶς, Δέσποτα, μετὰ παρρησίας, ἀκατακρίτως, τολμᾶν ἐπικαλεῖσθαί σε τὸν ἐπουράνιον Θεὸν Πατέρα, καὶ λέγειν.

Ὁ Ἀναγνώστης·

Πάτερ ἡμῶν, ὁ ἐν τοῖς οὐρανοῖς· ἁγιασθήτω τὸ ὄνομά σου, ἐλθέτω ἡ βασιλεία σου, γενηθήτω τὸ θέλημά σου, ὡς ἐν οὐρανῷ καὶ ἐπὶ τῆς γῆς. Τὸν ἄρτον ἡμῶν τὸν ἐπιούσιον δὸς ἡμῖν σήμερον. Καὶ ἄφες ἡμῖν τὰ ὀφειλήματα ἡμῶν, ὡς καὶ ἡμεῖς ἀφίεμεν τοῖς ὀφειλέταις ἡμῶν. Καὶ μὴ εἰσενέγκῃς ἡμᾶς εἰς πειρασμόν, ἀλλὰ ῥῦσαι ἡμᾶς ἀπὸ τοῦ πονηροῦ.

Ὁ Ἱερεύς· Ὅτι σοῦ ἐστιν ἡ βασιλεία καὶ ἡ δύναμις καὶ ἡ δόξα, τοῦ Πατρὸς καὶ τοῦ Υἱοῦ καὶ τοῦ Ἁγίου Πνεύματος, νῦν καὶ ἀεὶ καὶ εἰς τοὺς αἰῶνας τῶν αἰώνων.

Ὁ Χορός· Ἀμήν.

Ὁ Ἱερεύς· Εἰρήνη πᾶσι.

For the completion of our lives in peace and repentance, let us ask the Lord.

Having asked for the unity of the faith and the communion of the Holy Spirit, let us entrust ourselves and one another and our whole life to Christ, our God.

Choir: To You, O Lord.

Priest: And count us worthy, Master, with boldness and without condemnation to dare to call upon you, the God of heaven, as Father, and to say:

Reader:

Our Father, who art in heaven, hallowed be Thy name. Thy kingdom come. Thy will be done, on earth as it is in heaven. Give us this day our daily bread; and forgive us our trespasses, as we forgive those who trespass against us; and lead us not into temptation, but deliver us from the evil one.

Priest: For Yours is the kingdom and the power and the glory of the Father and the Son and the Holy Spirit, now and forever and to the ages of ages.

Choir: Amen.

Priest: Peace be with all.

Ὁ Χορός· Καὶ τῷ πνεύματί σου.

Ὁ Διάκονος· Τὰς κεφαλὰς ἡμῶν τῷ Κυρίῳ κλίνωμεν.

Ὁ Χορός· Σοὶ, Κύριε.

Εἶτα προσφέρεται τὸ κοινὸν ποτήριον.

Ὁ Διάκονος· Τοῦ Κυρίου δεηθῶμεν.

Ὁ Χορός· Κύριε, ἐλέησον.

Ὁ Ἱερεύς, εὐλογῶν τὸ ποτήριον, λέγει τὴν Εὐχὴν ταύτην·

Ὁ Θεός, ὁ πάντα ποιήσας τῇ ἰσχύϊ σου, καὶ στερεώσας τὴν οἰκουμένην, καὶ κοσμήσας τὸν στέφανον πάντων τῶν πεποιημένων ὑπὸ σοῦ, καὶ τὸ ποτήριον τὸ κοινὸν τοῦτο παρεχόμενος τοῖς συναφθεῖσι πρὸς γάμου κοινωνίαν, εὐλόγησον εὐλογίᾳ πνευματικῇ.

Ὅτι ηὐλόγηταί σου τὸ ὄνομα, καὶ δεδόξασταί σου ἡ βασιλεία τοῦ Πατρὸς καὶ τοῦ Υἱοῦ καὶ τοῦ Ἁγίου Πνεύματος, νῦν καὶ ἀεὶ καὶ εἰς τοὺς αἰῶνας τῶν αἰώνων.

Ὁ Χορός· Ἀμήν.

Εἶτα, λαβὼν ὁ Ἱερεὺς ἐπὶ χεῖρας τὸ κοινὸν ποτήριον, μεταδίδωσιν αὐτοῖς ἐκ γ΄, πρῶτον τῷ ἀνδρί, καὶ αὖθις τῇ γυναικί, ψάλλων εἰς ἦχον α΄.

Ποτήριον σωτηρίου λήψομαι, καὶ τὸ ὄνομα Κυρίου ἐπικαλέσομαι.

Καὶ εὐθέως λαβὼν αὐτοὺς ὁ Ἱερεύς, τοῦ Παρανύμφου κρατοῦντος ὄπισθεν τοὺς στεφάνους, στρέφει ὡς ἐν σχήματι κύκλου περὶ τὸ ἐν τῷ μέσῳ τραπεζίδιον ἐκ τρίτου.

Choir: And with your spirit.

Deacon: Let us bow our heads to the Lord.

Choir: To You, O Lord.

The common Cup is offered.

Deacon: Let us pray to the Lord.

Choir: Lord, have mercy.

The Priest, blessing the Cup, says this prayer:

O God, who made all things by your strength, who made the inhabited world firm and adorned the crown of all that had been made by you, bless too with your spiritual blessing this common Cup, which you grant to those who have been joined in the communion of marriage.

For blessed is your name and glorified your kingdom, of the Father, the Son and the Holy Spirit, now and for ever, and to the ages of ages.

Choir: Amen.

Then the Priest, taking the Cup in his hands, gives them to drink from it three times; first to the husband and then to the wife, as he chants in Tone 1:

I will take the cup of salvation, and I will call upon the name of the Lord. Alleluia.

And the Priest at once takes them, while the Sponsor holds the crowns behind and over them, and leads them in a circle round the table three times.

Καὶ ψάλλει ὁ Ἱερεὺς ἢ ὁ Χορὸς τὰ Τροπάρια·

Meanwhile the Choir or the Priest chant the Troparia.

Ἦχος πλ. α΄.

Tone Pl. 1.

Ἠσαΐα χόρευε· ἡ Παρθένος ἔσχεν ἐν γαστρί, καὶ ἔτεκεν Υἱὸν τὸν Ἐμμανουήλ, Θεόν τε καὶ ἄνθρωπον· Ἀνατολὴ ὄνομα αὐτῷ· ὃν μεγαλύνοντες, τὴν Παρθένον μακαρίζομεν.

Dance, O Isaiah; the Virgin has conceived and has given birth to a Son, Emmanuel, Who is both God and man; Orient is His name. In magnifying Him, we call the Virgin blessed.

Ἦχος βαρύς.

Tone Varys.

Ἅγιοι Μάρτυρες, οἱ καλῶς ἀθλήσαντες καὶ στεφανωθέντες, πρεσβεύσατε πρὸς Κύριον, ἐλεηθῆναι τὰς ψυχὰς ἡμῶν.

O holy martyrs, who have contested well and have been crowned: Intercede with the Lord that He have mercy on our souls.

Δόξα σοι Χριστὲ ὁ Θεός, Ἀποστόλων καύχημα, Μαρτύρων ἀγαλλίαμα, ὧν τὸ κήρυγμα. Τριὰς ἡ ὁμοούσιος.

Glory to You, O Christ God, the boast of the Apostles, the joy of the martyrs, who proclaimed the consubstantial Trinity.

Εἶτα ὁ Ἱερεὺς ἐπαίρει τοὺς στεφάνους· καὶ ἐπάρας τὸν στέφανον τοῦ Νυμφίου, λέγει·

Then the Priest raises the crowns. First that of the Groom, saying:

Μεγαλύνθητι, Νυμφίε, ὡς ὁ Ἀβραὰμ, καὶ εὐλογήθητι ὡς ὁ Ἰσαάκ, καὶ πληθύνθητι ὡς ὁ Ἰακώβ, πορευόμενος ἐν εἰρήνῃ καὶ ἐργαζόμενος ἐν δικαιοσύνῃ τάς ἐντολὰς τοῦ Θεοῦ.

Bridegroom, be magnified like Abraham, blessed like Isaac and multiplied like Jacob, as you go your way in peace and carry out in righteousness the commandments of God.

Καὶ ἐν τῷ τῆς Νύμφης λέγει·

Then that of the Bride, saying:

Καὶ σύ, Νύμφη, μεγαλύνθητι ὡς ἡ Σάρρα, καὶ εὐφράνθητι ὡς ἡ Ῥεβέκκα, καὶ πληθύνθητι ὡς ἡ Ῥαχήλ, εὐφραινομένη τῷ ἰδίῳ ἀνδρί, φυλάττουσα τοὺς ὅρους τοῦ νόμου, ὅτι οὕτως ηὐδόκησεν ὁ Θεός.

And you, Bride, be magnified like Sara, and rejoice like Rebecca and be multiplied like Rachel, rejoicing in your own husband, keeping the limits of the law, for so God has been well-pleased.

Ὁ Διάκονος· Τοῦ Κυρίου δεηθῶμεν.

Deacon: Let us pray to the Lord.

Ὁ Χορός· Κύριε, ἐλέησον.

Choir: Lord, have mercy.

Καὶ ὁ Ἱερεὺς τὴν Εὐχὴν ταύτην·

And the Priest says this prayer:

Θεός, ὁ Θεὸς ἡμῶν, ὁ παραγενόμενος ἐν Κανᾷ τῆς Γαλιλαίας, καὶ τὸν ἐκεῖσε γάμον εὐλογήσας, εὐλόγησον καὶ τοὺς δούλους σου τούτους, τοὺς τῇ σῇ προνοίᾳ πρὸς γάμου κοινωνίαν συναφθέντας. Εὐλόγησον αὐτῶν εἰσόδους καὶ ἐξόδους· πλήθυνον ἐν ἀγαθοῖς τὴν ζωὴν αὐτῶν· ἀνάλαβε *(ἐνταῦθα ὁ Ἱερεὺς αἴρει τοὺς στεφάνους ἀπὸ τῶν κεφαλῶν τῶν Νυμφίων, καὶ τίθησιν αὐτοὺς ἐπὶ τῆς τραπέζης)* τοὺς στεφάνους αὐτῶν ἐν τῇ Βασιλείᾳ σου, ἀσπίλους καὶ ἀμώμους καὶ ἀνεπιβουλεύτους διατηρῶν εἰς τοὺς αἰῶνας τῶν αἰώνων.

God, our God, who were present in Cana of Galilee, and blessed the marriage there, bless these servants of yours also, who by your providence have been joined in the communion of marriage. Bless their goings out and their comings in. Fill their life with good things. Take up their crowns *(Here the Priest takes the crowns from the heads of the couple and places them on the table)* in your Kingdom, unspotted and unblemished, and keep them without offence to the ages of ages.

Ὁ Χορός· Ἀμήν.

Choir: Amen.

Ὁ Ἱερεύς· Εἰρήνη πᾶσι.

Priest: Peace be with all.

Ὁ Χορός· Καὶ τῷ πνεύματί σου.

Choir: And with your spirit.

Ὁ Διάκονος· Τὰς κεφαλὰς ἡμῶν τῷ Κυρίῳ κλίνωμεν.

Priest: Let us bow our heads to the Lord.

Ὁ Χορός· Σοί, Κύριε.

Choir: To You, O Lord.

Ὁ Ἱερεύς·

Priest:

Ὁ Πατήρ, ὁ Υἱὸς καὶ τὸ Ἅγιον Πνεῦμα, ἡ παναγία καὶ ὁμοούσιος καὶ ζωαρχικὴ Τριάς, ἡ μία Θεότης καὶ Βασιλεία, εὐλογήσαι ὑμᾶς, καὶ παράσχοι ὑμῖν μακροζωΐαν, εὐτεκνίαν,

May Father, Son and Holy Spirit, the all-holy, consubstantial Trinity, origin of life, the one Godhead and Kingship, bless you and grant you long life, fair offspring,

προκοπὴν βίου καὶ πίστεως, καὶ ἐμπλή-
σαι ὑμᾶς πάντων τῶν ἐπὶ γῆς ἀγαθῶν,
ἀξιῶσαι δὲ ὑμᾶς καὶ τῶν ἐπηγγελμένων
ἀγαθῶν τῆς ἀπολαύσεως, πρεσβείαις
τῆς ἁγίας Θεοτόκου, καὶ πάντων τῶν
Ἁγίων.

Ὁ Χορός· Ἀμήν.

Ὁ Ἱερεύς· Δόξα σοι, ὁ Θεός, ἡ ἐλ-
πὶς ἡμῶν, δόξα σοι.

Ὁ Διάκονος· Δόξα Πατρὶ, καὶ
Υἱῷ, καὶ Ἁγίῳ Πνεύματι. Καὶ νῦν καὶ
ἀεὶ, καὶ εἰς τοὺς αἰῶνας τῶν αἰώνων.
Ἀμήν.

Κύριε, ἐλέησον *(γ΄)*. Πάτερ ἅγιε,
εὐλόγησον.

Ὁ Ἱερεύς·

Ὁ διὰ τῆς ἐν Κανᾷ ἐπιδημίας τίμιον
ἀναδείξας τὸν γάμον, Χριστὸς ὁ
ἀληθινὸς Θεὸς ἡμῶν, ταῖς πρεσβείαις
τῆς παναχράντου αὐτοῦ Μητρός, τῶν
ἁγίων ἐνδόξων καὶ πανευφήμων Ἀπο-
στόλων, τῶν ἁγίων θεοστέπτων βασι-
λέων καὶ ἰσαποστόλων Κωνσταντίνου
καὶ Ἑλένης, τοῦ ἁγίου μεγαλομάρτυ-
ρος Προκοπίου, καὶ πάντων τῶν Ἁγί-
ων, ἐλεήσαι καὶ σώσαι ἡμᾶς ὡς ἀγαθὸς
καὶ φιλάνθρωπος καὶ ἐλεήμων Θεός.

Δι᾽ εὐχῶν τοῦ ἁγίου Δεσπότου
ἡμῶν, Κύριε Ἰησοῦ Χριστέ, ὁ Θεός,
ἐλέησον καὶ σῶσον ἡμᾶς.

Ὁ Χορός· Ἀμήν.

progress in life and faith, and fill you with every good thing on earth, and count you worthy of the promised good things of the enjoyment of heaven, at the prayers of the Holy Theotokos, and of all the Saints.

Choir: Amen.

Priest: Glory to you, Christ God, our hope, glory to you.

Reader: Glory to the Father and to the Son and to the Holy Spirit. Always now and forever and to the ages of ages. Amen.

Lord, have mercy. *(x3)* Holy Father, give the blessing.

Priest:

May he who by his presence at Cana declared marriage honorable, Christ our true God, through the prayers of his all-pure Mother, of the holy, glorious and all-praised Apostles, of the holy Sovereigns crowned by God and Equals of the Apostles, Constantine and Helen, of the holy great Martyr Prokopios and all the Saints, have mercy on us and save us, for he is good and loves mankind.

Through the prayers of our holy fathers Lord Jesus Christ our God have mercy on us.

Choir: Amen.

ΕΥΧΗ ΕΠΙ ΛΥΣΙΝ ΣΤΕΦΑΝΩΝ ΤΗ ΟΓΔΟΗ ΗΜΕΡΑ

Ὁ Ἱερεύς· Τοῦ Κυρίου δεηθῶμεν.

Ὁ Χορός· Κύριε, ἐλέησον.

Καὶ ὁ Ἱερεὺς τὴν Εὐχὴν ταύτην·

Κύριε ὁ Θεὸς ἡμῶν, ὁ τοῦ ἐνιαυτοῦ τὸν στέφανον εὐλογήσας, καὶ τοὺς παρόντας στεφάνους ἐπιτίθεσθαι παραδοὺς τοῖς νόμῳ γάμου συναπτομένοις ἀλλήλοις, καὶ μισθὸν ὥσπερ ἀπονέμων αὐτοῖς τὸν τῆς σωφροσύνης, ὅτι ἁγνοὶ πρὸς τὸν ὑπὸ σοῦ νομοθετηθέντα γάμον συνήφθησαν· Αὐτός, καὶ ἐν τῇ λύσει τῶν παρόντων στεφάνων, τοὺς συναφθέντας ἀλλήλοις εὐλόγησον καὶ τὴν συνάφειαν αὐτῶν ἀδιάσπαστον διατήρησον· ἵνα εὐχαριστῶσι διὰ παντὸς τῷ παναγίῳ ὀνόματί σου, τοῦ Πατρὸς καὶ τοῦ Υἱοῦ καὶ τοῦ Ἁγίου Πνεύματος, νῦν καὶ ἀεὶ καὶ εἰς τοὺς αἰῶνας τῶν αἰώνων.

Ὁ Χορός· Ἀμήν.

Ὁ Ἱερεύς· Εἰρήνη πᾶσι.

Ὁ Χορός· Καὶ τῷ πνεύματί σου.

PRAYER FOR THE UNTYING OF THE CROWNS ON THE EIGHTH DAY

Priest: Let us pray to the Lord.

Choir: Lord, have mercy.

And the priest says the prayer:

Lord our God, who blessed the crown of the year and granted that the present crowns be placed on those who are joined with one another by the law of marriage and apportion to them, as it were, the reward of chaste living, for those who have been joined together in the marriage which you have ordained are pure, do you yourself, by the untying of these present crowns, also bless those who have been joined to each other and keep their union indissoluble, that they may at all times give thanks to your all-holy Name, of the Father, the Son and the Holy Spirit, now and for ever and to the ages of ages.

Choir: Amen.

Priest: Peace be with you all.

Choir: And to your spirit.

Ὁ Ἱερεύς· Τὰς κεφαλὰς ὑμῶν τῷ Κυρίῳ κλίνατε.

Ὁ Χορός· Σοὶ, Κύριε.

Ὁ Ἱερεύς·

Σύμφωνα καταντήσαντες οἱ δοῦλοί σου, Κύριε, καὶ τὴν ἀκολουθίαν ἐκτελέσαντες τοῦ ἐν Κανᾷ τῆς Γαλιλαίας γάμου, καὶ συστέλλοντες τὰ κατ᾽ αὐτὸν σύμβολα, δόξαν σοι ἀναπέμπομεν, τῷ Πατρί, καὶ τῷ Υἱῷ καὶ τῷ Ἁγίῳ Πνεύματι, νῦν καὶ ἀεὶ καὶ εἰς τοὺς αἰῶνας τῶν αἰώνων.

Ὁ Χορός· Ἀμήν.

Priest: Bow your heads unto the Lord.

Choir: To you, O Lord.

Priest:

We your servants, Lord, having coming come together in concord, accomplished the office of the marriage in Cana of Galilee and removed the symbols concerning it, give glory to you, Father, Son and Holy Spirit, now and for ever and to the ages of ages.

Choir: Amen.

ΚΕΦΑΛΑΙΑ ΠΕΡΙ ΔΙΓΑΜΩΝ

RULINGS ON SECOND MARRIAGES

Κεφάλαιον Νικηφόρου Πατριάρχου ΚΠόλεως τοῦ Ὁμολογητοῦ.

Ὁ δίγαμος οὐ στεφανοῦται, ἀλλὰ καὶ ἐπιτιμᾶται μὴ μεταλαβεῖν τῶν ἀχράντων Μυστηρίων, ἔτη δύο· ὁ δὲ τρίγαμος, πέντε.

Ἐκ τῶν Ἀποκρίσεων τοῦ μακαρίου Νικήτα Μητροπολίτου Ἡρακλείας, ἐξ ὧν ἠρωτήθη παρὰ Κωνσταντίνου Ἐπισκόπου.

Ἡ μὲν ἀκρίβεια τοὺς διγάμους οὐκ εἴωθε στεφανοῦν· ἡ δὲ τῆς Μεγάλης Ἐκκλησίας συνήθεια, τὰ τοιαῦτα οὐ παρατηρεῖται, ἀλλὰ καὶ τοῖς διγάμοις καὶ τριγάμοις τοὺς νυμφικοὺς στεφάνους ἐπιτίθησι, καὶ οὐδεὶς οὐδέποτε παρὰ τοῦτο ἐνεκλήθη· πλὴν ἕνα ἢ δεύτερον χρόνον τῆς θείας εἴργονται Κοινωνίας. Ἀλλὰ καὶ τὸν ἱερολογήσαντα τούτους πρεσβύτερον, συνδειπνεῖν αὐτοῖς οὐ νενόμισται, κατὰ τὸν ζ΄ Κανόνα τῆς ἐν Νεοκαισαρείᾳ Συνόδου.

Ruling of Nikephoros, Patriarch of Constantinople, the Confessor.

One who marries for a second time is not crowned, but is forbidden to partake of the most pure Mysteries for two years; but one who marries for a third time for five.

From the answers of the blessed Niketas, Metropolitan of Herakleia, to the questions of Bishop Constantine.

Strictness did not permit those who married for a second time to be crowned, and the custom of the Great Church does not disregard such things, but nevertheless bestows marriage crowns on those who marry for a second and on those who do so for a third time. They are however forbidden to receive Holy Communion for one or two years. But the Priest who has celebrated their wedding is not allowed to dine with them, in accordance with the 7th canon of the Synod of Neoceasarea.

Ι͠C   Ὡ   Χ͠C

Ὁ   N

ΑΚΟΛΟΥΘΙΑ ΕΙΣ ΔΙΓΑΜΟΝ

SERVICE FOR A SECOND MARRIAGE

Ὁ Διάκονος· Εὐλόγησον, Δέσποτα.

Ὁ Ἱερεὺς ἐκφωνεῖ·

Εὐλογητὸς ὁ Θεὸς ἡμῶν πάντοτε· νῦν καί ἀεὶ καὶ εἰς τοὺς αἰῶνας τῶν αἰώνων.

Ὁ Χορός· Ἀμήν.

Ὁ Ἀναγνώστης· Ἅγιος ὁ Θεός, Ἅγιος Ἰσχυρός, Ἅγιος Ἀθάνατος, ἐλέησον ἡμᾶς. *(γ΄)*

Δόξα Πατρὶ, καὶ Υἱῷ, καὶ Ἁγίῳ Πνεύματι. Καὶ νῦν καὶ ἀεὶ, καὶ εἰς τοὺς αἰῶνας τῶν αἰώνων. Ἀμήν.

Παναγία Τρίας, ἐλέησον ἡμᾶς. Κύριε, ἱλάσθητι ταῖς ἁμαρτίαις ἡμῶν, Δέσποτα, συγχώρησον τὰς ἀνομίας ἡμῖν. Ἅγιε, ἐπίσκεψαι καὶ ἴασαι τὰς ἀσθενείας ἡμῶν, ἕνεκεν τοῦ ὀνόματός σου.

Κύριε, ἐλέησον. *(γ΄)* Δόξα Πατρὶ, καὶ Υἱῷ, καὶ Ἁγίῳ Πνεύματι. Καὶ νῦν καὶ ἀεὶ, καὶ εἰς τοὺς αἰῶνας τῶν αἰώνων. Ἀμήν.

Πάτερ ἡμῶν ὁ ἐν τοῖς οὐρανοῖς, ἁγιασθήτω τὸ ὄνομά σου. Ἐλθέτω ἡ βασιλεία σου. Γενηθήτω τὸ θέλημά σου, ὡς ἐν οὐρανῷ, καὶ ἐπὶ τῆς γῆς. Τὸν ἄρτον

Deacon: Master, Bless.

Priest, Aloud:

Blessed is our God always, now and for ever, and to the ages of ages.

Ὁ Χορός· Ἀμήν.

Reader: Holy God, Holy Mighty, Holy Immortal, have mercy on us *(x3)*.

Glory to the Father and the Son and the Holy Spirit, now and forever and to the ages of ages. Amen.

All-holy Trinity, have mercy on us. Lord, forgive our sins. Master, pardon our transgressions. Holy One, visit and heal our infirmities for the glory of Your name.

Lord, have mercy. *(x3)* Glory to the Father and the Son and the Holy Spirit, now and forever and to the ages of ages. Amen.

Our Father, who art in heaven, hallowed be Thy name. Thy kingdom come. Thy will be done, on earth as it is in heaven. Give us this day our

ἡμῶν τὸν ἐπιούσιον δὸς ἡμῖν σήμερον. Καὶ ἄφες ἡμῖν τὰ ὀφειλήματα ἡμῶν, ὡς καὶ ἡμεῖς ἀφίεμεν τοῖς ὀφειλέταις ἡμῶν. Καὶ μὴ εἰσενέγκης ἡμᾶς εἰς πειρασμὸν, ἀλλὰ ῥῦσαι ἡμᾶς ἀπὸ τοῦ πονηροῦ.

Ὁ Ἱερεὺς· Ὅτι σοῦ ἐστιν ἡ Βασιλεία, καὶ ἡ δύναμις, καὶ ἡ δόξα, τοῦ Πατρός, καὶ τοῦ Υἱοῦ, καὶ τοῦ ἁγίου Πνεύματος, νῦν καὶ ἀεὶ καὶ εἰς τοὺς αἰῶνας τῶν αἰώνων.

Ὁ Ἀναγνώστης· Ἀμήν.

Τὸ Ἀπολυτίκιον τῆς ἡμέρας.

Ὁ δὲ Διάκονος ἢ ὁ Ἱερεὺς λέγει τὴν Συναπτήν.

Ἐν εἰρήνῃ τοῦ Κυρίου δεηθῶμεν.

Ὁ Χορός· Κύριε, ἐλέησον. *(Καὶ μεθ' ἑκάστην δέησιν)*

Ὑπὲρ τῆς ἄνωθεν εἰρήνης, καὶ τῆς σωτηρίας τῶν ψυχῶν ἡμῶν, τοῦ Κυρίου δεηθῶμεν.

Ὑπὲρ τῆς εἰρήνης τοῦ σύμπαντος κόσμου, εὐσταθείας τῶν ἁγίων τοῦ Θεοῦ Ἐκκλησιῶν, καὶ τῆς τῶν πάντων ἑνώσεως, τοῦ Κυρίου δεηθῶμεν.

Ὑπὲρ τοῦ ἁγίου Οἴκου τούτου, καὶ τῶν μετὰ πίστεως, εὐλαβείας καὶ φόβου Θεοῦ εἰσιόντων ἐν αὐτῷ, τοῦ Κυρίου δεηθῶμεν.

Ὑπὲρ τῶν δούλων τοῦ Θεοῦ *(τοῦ δεῖνος)* καὶ *(τῆς δεῖνος)* καὶ τῆς ἐν

daily bread; and forgive us our trespasses, as we forgive those who trespass against us. And lead us not into temptation, but deliver us from the evil one.

Priest: For Yours is the kingdom and the power and the glory, of the Father and the Son and the Holy Spirit, now and forever and to the ages of ages.

Reader: Amen.

Τὸ Ἀπολυτίκιον τῆς ἡμέρας.

The Deacon, or the Priest, says the Litany:

In peace, let us pray to the Lord.

Choir: Lord, have mercy. *(And so after each petition.)*

For the peace from above and the salvation of our souls, let us pray to the Lord.

For peace in the whole world, for the stability of the holy churches of God, and for the unity of all, let us pray to the Lord.

For this holy house and for those who enter it with faith, reverence, and the fear of God, let us pray to the Lord.

For the servants of God, **N.** and **N.**, for God's protection and for their life together, let us pray to the Lord.

Θεῷ σκέπης καὶ συμβιώσεως αὐτῶν, τοῦ Κυρίου δεηθῶμεν.

Ὑπὲρ τοῦ συζῆσαι αὐτοὺς καλῶς ἐν ὁμονοίᾳ, τοῦ Κυρίου δεηθῶμεν.

Ἀντιλαβοῦ, σῶσον, ἐλέησον, καὶ διαφύλαξον ἡμᾶς, ὁ Θεός, τῇ σῇ χάριτι.

Ὁ Χορός· Κύριε, ἐλέησον.

Ὁ Διάκονος· Τῆς Παναγίας, ἀχράντου, ὑπερευλογημένης, ἐνδόξου Δεσποίνης ἡμῶν Θεοτόκου, καὶ ἀειπαρθένου Μαρίας, μετὰ πάντων τῶν Ἁγίων μνημονεύσαντες, ἑαυτοὺς καὶ ἀλλήλους, καὶ πᾶσαν τὴν ζωὴν ἡμῶν Χριστῷ τῷ Θεῷ παραθώμεθα.

Ὁ Χορός· Σοί, Κύριε.

Ὁ Ἱερεύς· Ὅτι πρέπει σοι πᾶσα δόξα, τιμὴ καὶ προσκύνησις, τῷ Πατρὶ καὶ τῷ Υἱῷ καὶ τῷ Ἁγίῳ Πνεύματι, νῦν καὶ ἀεὶ καὶ εἰς τοὺς αἰῶνας τῶν αἰώνων.

Ὁ Χορός· Ἀμήν.

Ὁ Διάκονος· Τοῦ Κυρίου δεηθῶμεν.

Ὁ Χορός· Κύριε, ἐλέησον.

Ὁ Ἱερεύς·

Ὁ Θεὸς ὁ αἰώνιος, ὁ τὰ διῃρημένα συναγαγὼν εἰς ἑνότητα, καὶ σύνδεσμον διαθέσεως τιθεὶς αὐτοῖς ἄρρηκτον· ὁ εὐλογήσας Ἰσαὰκ καὶ Ῥεβέκκαν, καὶ κληρονόμους αὐτοὺς τῆς σῆς ἐπαγγελίας ἀναδείξας. Αὐτός, εὐλόγη-

For them to live together in fair harmony, let us pray to the Lord.

Take hold of us, save us, have mercy upon us, and protect us, O God, by Your grace.

Choir: Lord, have mercy.

Deacon: Commemorating our most holy, most pure, most blessed and glorified Lady the Theotokos and ever-virgin Mary, together with all the saints, let us commit ourselves and one another and all our life unto Christ our God.

Choir: To You, O Lord.

Priest: For to you belong all glory, honor and worship, to the Father, the Son and the Holy Spirit, now and for ever, and to the ages of ages.

Choir: Amen.

Deacon: Let us pray to the Lord.

Choir: Lord, have mercy.

Priest:

Eternal God, who brought into unity what had been separated and establish an unbreakable bond of agreement; who blessed Isaac and Rebecca, and declared them to be the heirs of your promise; bless these ser-

σον καὶ τοὺς δούλους σου τούτους *(τὸν δεῖνα)*, καὶ *(τὴν δεῖνα)*, ὁδηγῶν αὐτοὺς ἐν παντὶ ἔργῳ ἀγαθῷ.

Ὅτι ἐλεήμων καὶ φιλάνθρωπος Θεὸς ὑπάρχεις, καὶ σοὶ τὴν δόξαν ἀναπέμπομεν, τῷ Πατρί, καὶ τῷ Υἱῷ, καὶ τῷ Ἁγίῳ Πνεύματι, νῦν καὶ ἀεί, καὶ εἰς τοὺς αἰῶνας τῶν αἰώνων.

Ὁ Χορός· Ἀμήν.

Ὁ Ἱερεύς· Εἰρήνη πᾶσι.

Ὁ Χορός· Καί τῷ πνεύματί σου.

Ὁ Διάκονος· Τὰς κεφαλὰς ὑμῶν τῷ Κυρίῳ κλίνατε.

Ὁ Χορός· Σοί, Κύριε.

Ὁ Ἱερεὺς ἐπεύχεται·

Κύριε ὁ Θεὸς ἡμῶν, ὁ τὴν ἐξ ἐθνῶν προμνηστευσάμενος Ἐκκλησίαν παρθένον ἁγνήν, εὐλόγησον τὰ μνῆστρα ταῦτα· καὶ ἕνωσον, καὶ διαφύλαξον τοὺς δούλους σου τούτους ἐν εἰρήνη καὶ ὁμονοίᾳ.

Σοὶ γὰρ πρέπει πᾶσα δόξα, τιμὴ καὶ προσκύνησις, τῷ Πατρὶ καὶ τῷ Υἱῷ καὶ τῷ Ἁγίῳ Πνεύματι, νῦν καὶ ἀεὶ καὶ εἰς τοὺς αἰῶνας τῶν αἰώνων.

Ὁ Χορός· Ἀμήν.

Εἶτα λαβὼν ὁ Ἱερεὺς τοὺς δακτυλίους ἐπιδίδωσι πρῶτον τῷ ἀνδρὶ τὸν χρυσοῦν, τῇ δὲ γυναικὶ τὸν ἀργυροῦν, καὶ λέγει τῷ ἀνδρί·

vants of yours also, **N.** and **N.,** guiding them in every good work.

For you are a God of mercy and you love mankind, and to you we give glory, Father, Son and Holy Spirit, now and for ever, and to the ages of ages.

Choir: Amen.

Priest: Peace be with all.

Choir: And with your spirit.

Deacon: Bow your heads to the Lord.

Choir: To you, O Lord.

The Priest prays:

Lord, our God, who once betrothed yourself to the Church from the nations as a pure virgin, bless this betrothal, and unite and preserve these servants of yours in peace and concord.

For to you belong all glory, honor and worship, to the Father, the Son and the Holy Spirit, now and for ever, and to the ages of ages.

Choir: Amen.

Then the Priest, having taken the rings on the dish, gives first to the man the gold one, and to the woman the silver, and says to man:

Ἀρραβωνίζεται ὁ δοῦλος τοῦ Θεοῦ *(ὁ δεῖνα)*, τὴν δούλην τοῦ Θεοῦ *(τὴν δεῖνα)*, εἰς τὸ ὄνομα τοῦ Πατρός, καὶ τοῦ Υἱοῦ, καὶ τοῦ Ἁγίου Πνεύματος. Ἀμὴν. *(γ΄)*

Ὁμοίως λέγει καὶ τῇ γυναικί·

Ἀρραβωνίζεται ἡ δούλη τοῦ Θεοῦ *(ἡ δεῖνα)*, τὸν δοῦλον τοῦ Θεοῦ *(τὸν δεῖνα)* εἰς τὸ ὄνομα τοῦ Πατρός, καὶ τοῦ Υἱοῦ, καὶ τοῦ Ἁγίου Πνεύματος. Ἀμὴν. *(γ΄)*

Καὶ ποιεῖ Σταυρὸν μετὰ τῶν δακτυλίων ἐπὶ τὰς κεφαλὰς αὐτῶν, καὶ ἐπιτίθησιν αὐτοὺς ἐν τοῖς δεξιοῖς δακτυλίοις.

Εἶτα ἀλλάσσει ὁ Παράνυμφος τὰ δακτυλίδια.

Ὁ Διάκονος· Τοῦ Κυρίου δεηθῶμεν.

Ὁ Χορός· Κύριε, ἐλέησον.

Ὁ Ἱερεύς·

Δέσποτα Κύριε, ὁ Θεὸς ἡμῶν, ὁ πάντων φειδόμενος, καὶ πάντων προνοούμενος, ὁ τὰ κρυπτὰ γινώσκων τῶν ἀνθρώπων, καὶ πάντων τὴν γνῶσιν ἔχων, ἱλάσθητι ταῖς ἁμαρτίαις ἡμῶν, καὶ τὰς ἀνομίας συγχώρησον τῶν σῶν ἱκετῶν, καλῶν αὐτοὺς εἰς μετάνοιαν· παρέχων αὐτοῖς συγγνώμην παραπτωμάτων, ἁμαρτιῶν ἱλασμόν, συγχώρησιν ἀνομιῶν ἑκουσίων τε καὶ ἀκουσίων. Ὁ εἰδὼς τὸ ἀσθενὲς τῆς ἀνθρωπίνης φύσεως, ὁ πλάστης καὶ δημιουργός, ὁ Ῥαὰβ τῇ πόρνῃ συγχωρήσας, καὶ τοῦ Τελώνου τὴν μετάνοιαν προσδεξάμενος, μὴ μνησθῇς ἁμαρτημάτων ἡμῶν

The servant of God **N.** betroths himself to the servant of God **N.**, in the name of the Father and of the Son and of the Holy Spirit. Amen. **(x3)**

He says the same to the woman:

The servant of God **N.** betroths herself to the servant of God **N.**, in the name of the Father and of the Son and of the Holy Spirit. Amen. **(x3)**

And he makes the sign of the Cross with the rings upon their heads, and places the rings on their right fingers.

Then the Sponsor changes the rings.

Deacon: Let us pray to the Lord.

Choir: Lord, have mercy.

Priest:

Master, Lord our God, who spare all and foresee all, who know the secrets of mankind and have knowledge of all, be merciful to our sins and pardon the offences of your suppliants, calling them to repentance, granting them pardon of faults, mercy for sins, forgiveness of offences, voluntary and involuntary. You, our Fashioner and Creator, who know the weakness of human nature; who pardoned Rahab the harlot and accepted the Publican's repentance, do not remember our sins of ignorance since our youth. If you, Lord,

ἀγνοίας ἐκ νεότητος· ἐὰν γὰρ ἀνομί-
ας παρατηρήσῃς, Κύριε, Κύριε, τίς
ὑποστήσεταί σοι; ἢ ποία σὰρξ δικαιω-
θήσεται ἐνώπιόν σου; Σὺ γὰρ μόνος
ὑπάρχεις δίκαιος, ἀναμάρτητος, ἅγιος,
πολυέλεος, πολυεύσπλαγχνος, καὶ με-
τανοῶν ἐπὶ κακίαις ἀνθρώπων· σύ, Δέ-
σποτα, οἰκειωσάμενος τοὺς δούλους
σου *(τὸν δεῖνα)* καὶ *(τὴν δεῖνα)* ἕνω-
σον τῇ πρὸς ἀλλήλους ἀγάπῃ· δώρησαι
αὐτοῖς τοῦ Τελώνου τὴν ἐπιστροφήν,
τῆς πόρνης τὰ δάκρυα, τοῦ λῃστοῦ
τὴν ἐξομολόγησιν· ἵνα, διὰ μετανοίας
ἐξ ὅλης καρδίας αὐτῶν, ἐν ὁμονοίᾳ καὶ
εἰρήνῃ τὰς ἐντολάς σου ἐργαζόμενοι,
καταξιωθῶσι καὶ τῆς ἐπουρανίου σου
Βασιλείας.

Ὅτι σὺ εἶ ὁ οἰκονόμος πάντων, καὶ
σοὶ τὴν δόξαν ἀναπέμπομεν, τῷ Πατρὶ
καὶ τῷ Υἱῷ καὶ τῷ Ἁγίῳ Πνεύματι, νῦν
καὶ ἀεὶ καὶ εἰς τοὺς αἰῶνας τῶν αἰώνων.

Ὁ Χορός· Ἀμήν.

Ὁ Ἱερεύς· Εἰρήνη πᾶσι.

Ὁ Χορός· Καί τῷ πνεύματί σου.

Ὁ Διάκονος· Τὰς κεφαλὰς ὑμῶν
τῷ Κυρίῳ κλίνατε.

Ὁ Χορός· Σοί, Κύριε.

Ὁ Ἱερεύς·

Κύριε, Ἰησοῦ Χριστέ, Λόγε τοῦ
Θεοῦ, ὁ ὑψωθεὶς ἐπὶ τοῦ τιμίου
καὶ ζωοποιοῦ Σταυροῦ, τὸ καθ᾽ ἡμᾶς
διαρρήξας χειρόγραφον, καὶ τῆς δυνα-

should mark iniquities: O Lord, who
will stand? What flesh will be justi-
fied in your presence? For you alone
are just, without sin, holy, great in
mercy, great in compassion and re-
pent over the sins of mankind. Do
you, Master, who have made your
servants, *N.* and *N.*, your own, unite
them to each other with love. Give
them the repentance of the Publican,
the tears of the Harlot, the confession
of the Thief, so that, through repen-
tance from their whole heart, practis-
ing your commandments in harmony
and peace, they may be found worthy
of your heavenly kingdom.

For it is you who dispose all things,
and to you we give glory, Father, Son
and Holy Spirit, now and for ever,
and to the ages of ages.

Choir: Amen.

Priest: Peace be with all.

Choir: And with your spirit.

Deacon: Bow your heads to the
Lord.

Choir: To you, O Lord.

Priest:

Lord Jesus Christ, who were lifted
up on the precious and life-giving
Cross, tore up the record against us
and delivered us from the dominion

στείας τοῦ διαβόλου ρυσάμενος ἡμᾶς, ἱλάσθητι ταῖς ἀνομίαις τῶν δούλων σου· ὅτι τὸν καύσωνα καὶ τὸ βάρος τῆς ἡμέρας, καὶ τῆς σαρκὸς τὴν πύρωσιν μὴ ἰσχύοντες βαστάζειν, εἰς γάμου δευτέραν κοινωνίαν συνέρχονται, καθὼς ἐνομοθέτησας διὰ τοῦ σκεύους τῆς ἐκλογῆς σου, Παύλου τοῦ ἀποστόλου, εἰπὼν δι᾽ ἡμᾶς τοὺς ταπεινοὺς τὸ «κρεῖσσον ἐν Κυρίῳ γαμεῖν ἢ πυροῦσθαι». Αὐτός, ὡς ἀγαθὸς καὶ φιλάνθρωπος, ἐλέησον καὶ συγχώρησον, ἱλάσθητι, ἄνες, ἄφες τὰ ὀφειλήματα ἡμῶν, ὅτι σὺ εἶ ὁ τὰς νόσους ἡμῶν ἐπὶ τῶν ὤμων ἀράμενος· οὐδεὶς γάρ ἐστιν ἀναμάρτητος, οὐδ᾽ ἂν μία ἡμέρα ὁ βίος αὐτοῦ ἐστιν, ἢ χωρὶς ῥύπου, εἰ μὴ σὺ μόνος ὁ σάρκα φορέσας ἀναμαρτήτως, καὶ τὴν αἰώνιον ἡμῖν δωρησάμενος ἀπάθειαν.

Ὅτι σὺ εἶ ὁ Θεός, Θεὸς τῶν μετανοούντων, καὶ σοὶ τὴν δόξαν ἀναπέμπομεν, τῷ Πατρὶ καὶ τῷ Υἱῷ καὶ τῷ Ἁγίῳ Πνεύματι, νῦν καὶ ἀεὶ καὶ εἰς τοὺς αἰῶνας τῶν αἰώνων.

Ὁ Χορός· Ἀμήν.

Ὁ Διάκονος· Τοῦ Κυρίου δεηθῶμεν.

Ὁ Χορός· Κύριε, ἐλέησον.

of the devil, be merciful to the iniquities of your servants, because they, unable to bear the heat and burden of the day and the burning fever of the flesh, are now entering together the communion of a second marriage, as you made it lawful through the Apostle Paul, your vessel of election, saying for the sake of us in our lowliness, 'It is better to marry in the Lord, than to burn'. As you are good and love mankind, have mercy, pardon, show pity, remit, forgive our debts, for you took our sicknesses on your own shoulders, for no one is sinless or without stain, not even were their life but one day, but you alone, who wore flesh without sin and granted us eternal dispassion.

For you are God, the God of those who repent, and to you we give glory, Father, Son and Holy Spirit, now and for ever, and to the ages of ages.

Choir: Amen.

Deacon: Let us pray to the Lord.

Choir: Lord, have mercy.

Ὁ Ἱερεύς·

Ὁ Θεὸς ὁ ἅγιος, ὁ πλάσας ἐκ χοὸς τὸν ἄνθρωπον, καὶ ἐκ τῆς πλευρᾶς αὐτοῦ ἀνοικοδομήσας γυναῖκα, καὶ συζεύξας αὐτῷ βοηθὸν κατ᾽ αὐτόν, διὰ τὸ οὕτως ἀρέσαι τῇ σῇ μεγαλειότητι, μὴ μόνον εἶναι τὸν ἄνθρωπον ἐπὶ τῆς γῆς· αὐτὸς καὶ νῦν, Δέσποτα, ἐξαπόστειλον τὴν χεῖρά σου ἐξ ἁγίου κατοικητηρίου σου, καὶ ἅρμοσον *(τούτου λεγομένου, ὁ Ἱερεὺς ἁρμόζει τὰς δεξιὰς τῶν νυμφευομένων)* τὸν δοῦλον σου *(τόν δε)* καὶ τὴν δούλην σου *(τήν δε)*, ὅτι παρὰ σοῦ ἁρμόζεται ἀνδρὶ γυνή. Σύζευξον αὐτοὺς ἐν ὁμοφροσύνῃ· στεφάνωσον αὐτοὺς εἰς σάρκα μίαν· χάρισαι αὐτοῖς καρπὸν κοιλίας, εὐτεκνίας ἀπόλαυσιν.

Ὅτι σὸν τὸ κράτος, καὶ σοῦ ἐστιν ἡ βασιλεία καὶ ἡ δύναμις καὶ ἡ δόξα, τοῦ Πατρὸς καὶ τοῦ Υἱοῦ καὶ τοῦ Ἁγίου Πνεύματος, νῦν καὶ ἀεὶ καὶ εἰς τοὺς αἰῶνας τῶν αἰώνων.

Ὁ Χορός· Ἀμήν.

Καὶ λαβὼν ὁ Ἱερεὺς τὰ Στέφανα, στέφει πρῶτον τὸν Νυμφίον, λέγων·

Στέφεται ὁ δοῦλος τοῦ Θεοῦ *(ὁ δεῖνα)*, τὴν δούλην τοῦ Θεοῦ *(τήν δε)*, εἰς τὸ ὄνομα τοῦ Πατρός, καὶ τοῦ Υἱοῦ, καὶ τοῦ Ἁγίου Πνεύματος. Ἀμήν. *(γ´)*

Τοῦτο δὲ λέγει ἐκ τρίτου, ποιῶν σχῆμα Σταυροῦ.

Priest:

Holy God, who fashioned man from dust, and from his rib built up a woman and yoked her to him as a helper like himself, for it was not pleasing to your greatness for man to be alone on earth, do you, Master, now send forth your hand from your holy dwelling, and link *(saying this, the Priest joins the couple's right hands)* your servant *N.* and your servant *N.*, because it is by you that a wife is linked to her husband. Yoke them together in likeness of mind. Crown them into one flesh. Grant them fruit of the womb, enjoyment of fair offspring.

For yours is the might, and yours the kingdom, the power and the glory, of the Father, the Son and the Holy Spirit, now and for ever, and to the ages of ages.

Choir: Amen.

The Priest takes the Crowns and first crowns the Bridegroom, saying:

The servant of God, *N.*, takes as his crown the servant of God, *N.*, in the name of the Father, and of the Son, and of the Holy Spirit. Amen. *(x3)*

He says this three times as he makes the sign of the Cross on each of them.

51

Εἴτα στέφει καὶ τὴν Νύμφην, λέγων·

Στέφεται ἡ δούλη τοῦ Θεοῦ *(ἡ δεῖ-να)*, τὸν δοῦλον τοῦ Θεοῦ *(τόν δε)*, εἰς τὸ ὄνομα τοῦ Πατρός, καὶ τοῦ Υἱοῦ, καὶ τοῦ Ἁγίου Πνεύματος. Ἀμήν. *(γ΄)*

Εἴτα τίθησι τὰ Στέφανα ἐπὶ τὰς κεφαλὰς τῶν Νυμφίων, ψάλλων ἐκ τρίτου·

Κύριε ὁ Θεὸς ἡμῶν, δόξῃ καὶ τιμῇ στεφάνωσον αὐτούς.

Ὁ **Διάκονος·** Πρόσχωμεν.

Ὁ **Ἀναγνώστης·** Ἔθηκας ἐπὶ τὴν κεφαλὴν αὐτῶν στεφάνους ἐκ λίθων τιμίων.

Στίχ. Ζωὴν ᾐτήσαντό σε, καὶ ἔδωκας αὐτοῖς μακρότητα ἡμερῶν.

Ὁ **Διάκονος·** Σοφία.

Ὁ **Ἀναγνώστης·** Πρὸς Ἐφεσίους Ἐπιστολῆς Παύλου τὸ Ἀνάγνωσμα.

Ὁ **Διάκονος·** Πρόσχωμεν.

Κεφ. ε΄ 20-33

Ἀδελφοί, εὐχαριστεῖτε πάντοτε ὑπὲρ πάντων, ἐν ὀνόματι τοῦ Κυρίου ἡμῶν Ἰησοῦ Χριστοῦ τῷ Θεῷ καὶ Πατρί, ὑποτασσόμενοι ἀλλήλοις ἐν φόβῳ Χριστοῦ. Αἱ γυναῖκες τοῖς ἰδίοις ἀνδράσιν ὑποτάσσεσθε ὡς τῷ Κυρίῳ, ὅτι ὁ ἀνήρ ἐστι κεφαλὴ τῆς γυναικός, ὡς καὶ ὁ Χριστὸς κεφαλὴ τῆς Ἐκκλησίας, καὶ αὐτός ἐστι σωτὴρ τοῦ σώματος. Ἀλλ᾽ ὥσπερ ἡ Ἐκκλησία ὑποτάσσεται τῷ Χριστῷ, οὕτω καὶ αἱ γυναῖκες τοῖς

Then the Priest crowns the Bride, saying:

The servant of God, **N.**, takes as her crown the servant of God, **N.**, in the name of the Father, and of the Son, and of the Holy Spirit. Amen. *(x3)*

Then he places the crowns on the heads of the Bride and Groom, chanting three times:

O Lord our God, with glory and honor crown them.

Deacon: Let us be attentive.

Reader: Thou have set upon their heads crowns of precious stones.

Verse: *They have asked you for life, and you have given them length of days.*

Deacon: Wisdom.

Reader: The Reading is from the Epistle of Paul to the Ephesians.

Deacon: Let us be attentive.

Chapter 5:20-33

Brethren, always giving thanks for everything in the Name of our Lord Jesus Christ, even to God the Father. [Finally], be in mutual subjection in the fear of Christ. Wives, be subject to your own husbands as [you are] to the Lord. For the husband is the head of the wife, as Christ is the head of the Church, and he is the savior of the body. As the Church is subject to Christ, wives

ἰδίοις ἀνδράσιν ἐν παντί. Οἱ ἄνδρες
ἀγαπᾶτε τὰς γυναῖκας ἑαυτῶν, καθὼς
καὶ ὁ Χριστὸς ἠγάπησε τὴν Ἐκκλησίαν
καὶ ἑαυτὸν παρέδωκεν ὑπὲρ αὐτῆς, ἵνα
αὐτὴν ἁγιάσῃ, καθαρίσας τῷ λουτρῷ
τοῦ ὕδατος ἐν ῥήματι, ἵνα παραστήσῃ
αὐτὴν ἑαυτῷ ἔνδοξον τὴν Ἐκκλησίαν,
μὴ ἔχουσαν σπίλον ἢ ῥυτίδα ἤ τι τῶν
τοιούτων, ἀλλ᾽ ἵνα ᾖ ἁγία καὶ ἄμωμος.
Οὕτως ὀφείλουσιν οἱ ἄνδρες ἀγαπᾶν
τὰς ἑαυτῶν γυναῖκας, ὡς τὰ ἑαυτῶν
σώματα· ὁ ἀγαπῶν τὴν ἑαυτοῦ γυναῖκα
ἑαυτὸν ἀγαπᾷ· οὐδεὶς γάρ ποτε τὴν
ἑαυτοῦ σάρκα ἐμίσησεν, ἀλλ᾽ ἐκτρέφει
καὶ θάλπει αὐτήν, καθὼς καὶ ὁ Κύριος
τὴν Ἐκκλησίαν· ὅτι μέλη ἐσμὲν τοῦ σώ-
ματος αὐτοῦ, ἐκ τῆς σαρκὸς αὐτοῦ καὶ
ἐκ τῶν ὀστέων αὐτοῦ· ἀντὶ τούτου κα-
ταλείψει ἄνθρωπος τὸν πατέρα αὐτοῦ
καὶ τὴν μητέρα καὶ προσκολληθήσεται
πρὸς τὴν γυναῖκα αὐτοῦ, καὶ ἔσονται
οἱ δύο εἰς σάρκα μίαν. Τὸ μυστήριον
τοῦτο μέγα ἐστίν, ἐγὼ δὲ λέγω εἰς Χρι-
στὸν καὶ εἰς τὴν Ἐκκλησίαν. Πλὴν καὶ
ὑμεῖς οἱ καθ᾽ ἕνα, ἕκαστος τὴν ἑαυτοῦ
γυναῖκα οὕτως ἀγαπάτω ὡς ἑαυτόν, ἡ
δὲ γυνὴ ἵνα φοβῆται τὸν ἄνδρα.

Ὁ Ἱερεύς· Εἰρήνη σοι τῷ ἀναγινώ-
σκοντι.

Ὁ Χορός· Καὶ τῷ πνεύματί σου.
Ἀλληλούϊα, ἀλληλούϊα, ἀλληλούϊα.

Ὁ Ἱερεύς· Σοφία. Ὀρθοί, ἀκούσω-
μεν τοῦ ἁγίου Εὐαγγελίου.

Καὶ εὐλογῶν τὸν λαὸν λέγει·

should likewise be subject to their own husbands in everything. Husbands, love your wives, just as Christ loved the Church and gave himself up for her in order to sanctify her, having purified her by the washing of water with the word, so that he might present her to himself in glory, without any spot or wrinkle or any such thing, but holy and flawless. In the same way, a husband should love his wife as his [own] body. He who loves his own wife loves himself! No man ever hates his own body but feeds it and cares for it, as the Lord also does for the Church. Yes, we are members of his body, his very flesh and bones! This is why a man will leave his father and mother and will be joined to his wife; and the two will become one flesh. This is a great mystery: I speak concerning Christ and the Church. Now concerning you: each one of you must also love his own wife even as his own self; and the wife must respect her husband.

Priest: Peace be with you the Reader.

Choir: And with your spirit. Alleluia. Alleluia. Alleluia.

Priest: Wisdom. Arise. Let us hear the holy Gospel.

And blessing the people he says:

Εἰρήνη πᾶσι.

Ὁ Χορός· Καὶ τῷ πνεύματί σου.

Ὁ Διάκονος· Ἐκ τοῦ κατὰ Ἰωάννην ἁγίου Εὐαγγελίου τὸ ἀνάγνωσμα.

Ὁ Ἱερεύς· Πρόσχωμεν.

Ὁ Χορός· Δόξα Σοι, Κύριε, δόξα Σοι.

Ὁ Ἱερεύς·

Κεφ. β΄ 1-11

Τῷ καιρῷ ἐκείνῳ, γάμος ἐγένετο ἐν Κανᾷ τῆς Γαλιλαίας, καὶ ἦν ἡ μήτηρ τοῦ Ἰησοῦ ἐκεῖ· ἐκλήθη δὲ καὶ ὁ Ἰησοῦς καὶ οἱ μαθηταὶ αὐτοῦ εἰς τὸν γάμον. Καὶ ὑστερήσαντος οἴνου, λέγει ἡ μήτηρ τοῦ Ἰησοῦ πρὸς αὐτόν· Οἶνον οὐκ ἔχουσι. Λέγει αὐτῇ ὁ Ἰησοῦς· Τί ἐμοὶ καὶ σοί, γύναι; οὔπω ἥκει ἡ ὥρα μου. Λέγει ἡ μήτηρ αὐτοῦ τοῖς διακόνοις· Ὅ,τι ἂν λέγῃ ὑμῖν, ποιήσατε. Ἦσαν δὲ ἐκεῖ ὑδρίαι λίθιναι ἓξ κείμεναι κατὰ τὸν καθαρισμὸν τῶν Ἰουδαίων, χωροῦσαι ἀνὰ μετρητὰς δύο ἢ τρεῖς. Λέγει αὐτοῖς ὁ Ἰησοῦς· Γεμίσατε τὰς ὑδρίας ὕδατος. Καὶ ἐγέμισαν αὐτὰς ἕως ἄνω. Καὶ λέγει αὐτοῖς· Ἀντλήσατε νῦν καὶ φέρετε τῷ ἀρχιτρικλίνῳ. Καὶ ἤνεγκαν. Ὡς δὲ ἐγεύσατο ὁ ἀρχιτρίκλινος τὸ ὕδωρ οἶνον γεγενημένον (καὶ οὐκ ᾔδει πόθεν ἐστίν· οἱ δὲ διάκονοι ᾔδεισαν οἱ ἠντληκότες τὸ ὕδωρ) φωνεῖ τὸν νυμφίον ὁ ἀρχιτρίκλινος καὶ λέγει αὐτῷ· Πᾶς ἄνθρωπος πρῶτον τὸν καλὸν οἶνον τίθησι, καὶ ὅταν μεθυ-

Choir: And with your spirit.

Deacon: The reading is from the Holy Gospel according to John.

Priest: Let us be attentive.

Choir: Glory to You, O Lord, glory to You.

Priest:

Chapter 2:1-11

At that time, there was a wedding in Cana of Galilee, and the mother of Jesus was there. Jesus also was invited with his disciples to the wedding. When the wine ran out, Jesus' mother said to him, "They have no wine." Jesus said to her, "Woman, what [is that] to you and me? My hour has not yet come." His mother said to the servants, "Whatever he tells you to do, do it." Now six water jars made of stone were set there, meant for the rites of purification of the Jews, and they each contained two or three measures. Jesus said to them, "Fill the jars with water!" So they filled them up to the brim. He then said to them, "Now draw some out, and take it to the chief steward of the feast." And they did so. When the chief steward of the feast tasted the water now become wine (not knowing where it had come from, but the servants who had drawn the wa-

54

σθῶσι, τότε τὸν ἐλάσσω· σὺ δὲ τετήρη-
κας τὸν καλὸν οἶνον ἕως ἄρτι. Ταύτην
ἐποίησε τὴν ἀρχὴν τῶν σημείων ὁ Ἰη-
σοῦς ἐν Κανᾷ τῆς Γαλιλαίας καὶ ἐφανέ-
ρωσε τὴν δόξαν αὐτοῦ, καὶ ἐπίστευσαν
εἰς αὐτὸν οἱ Μαθηταὶ αὐτοῦ.

Ὁ Χορός ψάλλει:

Δόξα Σοι, Κύριε, δόξα Σοι.

Ὁ Διάκονος· Εἴπωμεν πάντες ἐξ
ὅλης τῆς ψυχῆς καὶ ἐξ ὅλης τῆς δια-
νοίας ἡμῶν, εἴπωμεν.

Ὁ Χορός· Κύριε, ἐλέησον *(γ΄)*.

Ὁ Διάκονος· Κύριε, Παντοκρά-
τορ, ὁ Θεὸς τῶν πατέρων ἡμῶν, δεό-
μεθά Σου, ἐπάκουσον καὶ ἐλέησον.

Ἐλέησον ἡμᾶς, ὁ Θεός, κατὰ τὸ
μέγα ἔλεός Σου, δεόμεθά Σου, ἐπάκου-
σον καὶ ἐλέησον.

Ἔτι δεόμεθα ὑπὲρ ἐλέους, ζωῆς,
εἰρήνης, ὑγίειας καὶ σωτηρίας τῶν δού-
λων σου *(τοῦ δεῖνος)* καὶ *(τῆς δεῖνος)*
καὶ ὑπὲρ τοῦ περιεστῶτος λαοῦ, τῶν
ἀπεκδεχομένων τὸ παρὰ σοῦ πλούσιον
ἔλεος.

Ὁ Ἱερεύς ἐκφώνως·

Ὅτι ἐλεήμων καὶ φιλάνθρωπος
Θεὸς ὑπάρχεις, καὶ Σοὶ τὴν δόξαν ἀνα-
πέμπομεν, τῷ Πατρὶ καὶ τῷ Υἱῷ καὶ τῷ

ter knew), he called the bridegroom
and said to him, "Everyone serves the
good wine first, and after the guests
have drunk freely, then the inferior
one. But you have kept the good wine
until now!" This, the beginning of
his signs, Jesus performed in Cana of
Galilee. He revealed his glory, and his
disciples believed in him.

The Choir sings:

Glory to You, O Lord, glory to
You.

Deacon: Let us all say, with all our
soul and with all our mind, let us say.

Chanter: Lord, have mercy. *(x3)*

Deacon: Lord almighty, the God
of our fathers, we pray you, hear and
have mercy.

Have mercy on us, O God, accord-
ing to your great mercy, we pray you,
hear and have mercy.

Again we pray for mercy, life,
peace, health, salvation, visitation,
pardon and forgiveness of sins for the
servants of God, *N.* and *N.*, and for
the people here present, who await
your great and rich mercy.

Priest aloud:

For you, O God, are merciful, and
love mankind, and to you we give
glory, to the Father, the Son and the

Ἁγίῳ Πνεύματι, νῦν καὶ ἀεὶ καὶ εἰς τοὺς αἰῶνας τῶν αἰώνων.

Ὁ Χορός· Ἀμήν.

Ὁ Διάκονος· Τοῦ Κυρίου δεηθῶμεν.

Ὁ Χορός· Κύριε, ἐλέησον.

Καὶ ὁ Ἱερεὺς τὴν Εὐχὴν ταύτην·

Κύριε ὁ Θεὸς ἡμῶν, ὁ ἐν τῇ σωτηριώδει σου οἰκονομίᾳ καταξιώσας ἐν Κανᾷ τῆς Γαλιλαίας τίμιον ἀναδεῖξαι τὸν γάμον, διὰ τῆς σῆς παρουσίας, αὐτὸς καὶ νῦν τοὺς δούλους σου *(τὸν δεῖνα)* καὶ *(τὴν δεῖνα)*, οὓς ηὐδόκησας συναφθῆναι ἀλλήλοις, ἐν εἰρήνῃ καὶ ὁμονοίᾳ διαφύλαξον. Τίμιον αὐτοῖς τὸν γάμον ἀνάδειξον· ἀμίαντον αὐτῶν τὴν κοίτην διατήρησον· ἀκηλίδωτον αὐτῶν τὴν συμβίωσιν διαμεῖναι εὐδόκησον· καὶ καταξίωσον αὐτοὺς ἐν γήρει πίονι καταντῆσαι, ἐν καθαρᾷ τῇ καρδίᾳ ἐργαζομένους τὰς ἐντολάς σου.

Σὺ γὰρ εἶ ὁ Θεὸς ἡμῶν, Θεὸς τοῦ ἐλεεῖν καὶ σῴζειν, καὶ σοὶ τὴν δόξαν ἀναπέμπομεν, σὺν τῷ ἀνάρχῳ σου Πατρί, καὶ τῷ παναγίῳ καὶ ἀγαθῷ καὶ ζωοποιῷ σου Πνεύματι, νῦν καὶ ἀεὶ καὶ εἰς τοὺς αἰῶνας τῶν αἰώνων.

Ὁ Χορός· Ἀμήν.

Ὁ Διάκονος· Ἀντιλαβοῦ, σῶσον, ἐλέησον καὶ διαφύλαξον ἡμᾶς, ὁ Θεός, τῇ Σῇ χάριτι.

Holy Spirit, now and for ever, and to the ages of ages.

Choir: Amen.

Deacon: Let us pray to the Lord.

Choir: Lord, have mercy.

And the Priest says this prayer:

Lord, our God, who in your saving dispensation were pleased in Cana of Galilee to declare marriage honorable by your presence, now too preserve in peace and concord your servants, **N.** and **N.**, whom you have been well-pleased to join to each other. Declare their marriage honorable; keep their marriage bed undefiled; be well pleased for their life together to be without spot; and grant that they may reach a ripe old age, carrying out your commandments with a pure heart.

For you are our God, a God who has mercy and who saves, and to you we give glory, together with your Father who has no beginning, and your all-holy, good, and life-giving Spirit, now and for ever, and to the ages of ages.

Choir: Amen.

Deacon: Help us, save us, have mercy upon us, and keep us O God, by your grace.

Ὁ Χορός· Κύριε, ἐλέησον.

Τὴν ἡμέραν πᾶσαν, τελείαν, ἁγίαν, εἰρηνικὴν καὶ ἀναμάρτητον παρὰ τοῦ Κυρίου αἰτησώμεθα.

Ὁ Χορός· Παράσχου, Κύριε. *(μεθ᾽ ἑκάστην δέησιν)*

Ὁ Διάκονος· Ἄγγελον εἰρήνης, πιστὸν ὁδηγόν, φύλακα τῶν ψυχῶν καὶ τῶν σωμάτων ἡμῶν, παρὰ τοῦ Κυρίου αἰτησώμεθα.

Συγγνώμην καὶ ἄφεσιν τῶν ἁμαρτιῶν καὶ τῶν πλημμελημάτων ἡμῶν, παρὰ τοῦ Κυρίου αἰτησώμεθα.

Τὰ καλὰ καὶ συμφέροντα ταῖς ψυχαῖς ἡμῶν, καὶ εἰρήνην τῷ κόσμῳ, παρὰ τοῦ Κυρίου αἰτησώμεθα.

Τὸν ὑπόλοιπον χρόνον τῆς ζωῆς ἡμῶν, ἐν εἰρήνῃ καὶ μετανοίᾳ ἐκτελέσαι, παρὰ τοῦ Κυρίου αἰτησώμεθα.

Τὴν ἑνότητα τῆς πίστεως, καὶ τὴν κοινωνίαν τοῦ Ἁγίου Πνεύματος αἰτησάμενοι, ἑαυτοὺς καὶ ἀλλήλους καὶ πᾶσαν τὴν ζωὴν ἡμῶν Χριστῷ τῷ Θεῷ παραθώμεθα.

Ὁ Χορός· Σοί, Κύριε.

Ὁ Ἱερεύς· Καὶ καταξίωσον ἡμᾶς, Δέσποτα, μετὰ παρρησίας, ἀκατακρίτως, τολμᾶν ἐπικαλεῖσθαί σε τὸν ἐπουράνιον Θεὸν Πατέρα, καὶ λέγειν.

Choir: Lord, have mercy.

For a perfect, holy, peaceful, and sinless day, let us ask the Lord.

Choir: Grant this, O Lord. *(And the rest of the petitions)*

Deacon: For an angel of peace, a faithful guide, a guardian of our souls and bodies, let us ask the Lord.

For forgiveness and remission of our sins and transgressions, let us ask the Lord.

For all that is good and beneficial to our souls, and for peace in the world, let us ask the Lord.

For the completion of our lives in peace and repentance, let us ask the Lord.

Having asked for the unity of the faith and the communion of the Holy Spirit, let us entrust ourselves and one another and our whole life to Christ, our God.

Choir: To You, O Lord.

Priest: And count us worthy, Master, with boldness and without condemnation to dare to call upon you, the God of heaven, as Father, and to say:

Ὁ Ἀναγνώστης·

Πάτερ ἡμῶν, ὁ ἐν τοῖς οὐρανοῖς· ἁγιασθήτω τὸ ὄνομά σου, ἐλθέτω ἡ βασιλεία σου, γενηθήτω τὸ θέλημά σου, ὡς ἐν οὐρανῷ καὶ ἐπὶ τῆς γῆς. Τὸν ἄρτον ἡμῶν τὸν ἐπιούσιον δὸς ἡμῖν σήμερον. Καὶ ἄφες ἡμῖν τὰ ὀφειλήματα ἡμῶν, ὡς καὶ ἡμεῖς ἀφίεμεν τοῖς ὀφειλέταις ἡμῶν. Καὶ μὴ εἰσενέγκης ἡμᾶς εἰς πειρασμόν, ἀλλὰ ῥῦσαι ἡμᾶς ἀπὸ τοῦ πονηροῦ.

Ὁ Ἱερεύς· Ὅτι σοῦ ἐστιν ἡ βασιλεία καὶ ἡ δύναμις καὶ ἡ δόξα, τοῦ Πατρὸς καὶ τοῦ Υἱοῦ καὶ τοῦ Ἁγίου Πνεύματος, νῦν καὶ ἀεὶ καὶ εἰς τοὺς αἰῶνας τῶν αἰώνων.

Ὁ Χορός· Ἀμήν.

Ὁ Ἱερεύς· Εἰρήνη πᾶσι.

Ὁ Χορός· Καὶ τῷ πνεύματί σου.

Ὁ Διάκονος· Τὰς κεφαλὰς ἡμῶν τῷ Κυρίῳ κλίνωμεν.

Ὁ Χορός· Σοὶ, Κύριε.

Εἶτα προσφέρεται τὸ κοινὸν ποτήριον.

Ὁ Διάκονος· Τοῦ Κυρίου δεηθῶμεν.

Ὁ Χορός· Κύριε, ἐλέησον.

Ὁ Ἱερεύς, εὐλογῶν τὸ ποτήριον, λέγει τὴν Εὐχὴν ταύτην·

Ὁ Θεός, ὁ πάντα ποιήσας τῇ ἰσχύϊ σου, καὶ στερεώσας τὴν οἰκουμένην, καὶ κοσμήσας τὸν στέφανον πά-

Reader:

Our Father, who art in heaven, hallowed be Thy name. Thy kingdom come. Thy will be done, on earth as it is in heaven. Give us this day our daily bread; and forgive us our trespasses, as we forgive those who trespass against us; and lead us not into temptation, but deliver us from the evil one.

Priest: For Yours is the kingdom and the power and the glory of the Father and the Son and the Holy Spirit, now and forever and to the ages of ages.

Choir: Amen.

Priest: Peace be with all.

Choir: And with your spirit.

Deacon: Let us bow our heads to the Lord.

Choir: To You, O Lord.

The common Cup is offered.

Deacon: Let us pray to the Lord.

Choir: Lord, have mercy.

The Priest, blessing the Cup, says this prayer:

O God, who made all things by your strength, who made the inhabited world firm and adorned

ντων τῶν πεποιημένων ὑπὸ σοῦ, καὶ τὸ
ποτήριον τὸ κοινὸν τοῦτο παρεχόμε-
νος τοῖς συναφθεῖσι πρὸς γάμου κοινω-
νίαν, εὐλόγησον εὐλογίᾳ πνευματικῇ.

Ὅτι ηὐλόγηταί σου τὸ ὄνομα, καὶ
δεδόξασταί σου ἡ βασιλεία τοῦ Πατρὸς
καὶ τοῦ Υἱοῦ καὶ τοῦ Ἁγίου Πνεύμα-
τος, νῦν καὶ ἀεὶ καὶ εἰς τοὺς αἰῶνας τῶν
αἰώνων.

Ὁ Χορός· Ἀμήν.

*Εἶτα, λαβὼν ὁ Ἱερεὺς ἐπὶ χεῖρας τὸ κοινὸν ποτή-
ριον, μεταδίδωσιν αὐτοῖς ἐκ γ΄, πρῶτον τῷ ἀνδρί, καὶ
αὖθις τῇ γυναικί, ψάλλων εἰς ἦχον α΄.*

Ποτήριον σωτηρίου λήψομαι, καὶ
τὸ ὄνομα Κυρίου ἐπικαλέσομαι.

*Καὶ εὐθέως λαβὼν αὐτοὺς ὁ Ἱερεύς, τοῦ Παρα-
νύμφου κρατοῦντος ὄπισθεν τοὺς στεφάνους, στρέ-
φει ὡς ἐν σχήματι κύκλου περὶ τὸ ἐν τῷ μέσῳ τραπε-
ζίδιον ἐκ τρίτου.*

*Καὶ ψάλλει ὁ Ἱερεὺς ἢ
ὁ Χορὸς τὰ Τροπάρια·*

Ἦχος πλ. α΄.

Ἡσαΐα χόρευε· ἡ Παρθένος ἔσχεν
ἐν γαστρί, καὶ ἔτεκεν Υἱὸν τὸν
Ἐμμανουήλ, Θεόν τε καὶ ἄνθρωπον·
Ἀνατολὴ ὄνομα αὐτῷ· ὃν μεγαλύνο-
ντες, τὴν Παρθένον μακαρίζομεν.

Ἦχος βαρύς.

Ἅγιοι Μάρτυρες, οἱ καλῶς ἀθλή-
σαντες καὶ στεφανωθέντες, πρε-

the crown of all that had been made
by you, bless too with your spiritual
blessing this common Cup, which
you grant to those who have been
joined in the communion of mar-
riage.

For blessed is your name and glo-
rified your kingdom, of the Father,
the Son and the Holy Spirit, now and
for ever, and to the ages of ages.

Choir: Amen.

*Then the Priest, taking the Cup in his hands,
gives them to drink from it three times; first to the
husband and then to the wife, as he chants in Tone 1:*

I will take the cup of salvation, and
I will call upon the name of the Lord.
Alleluia.

*And the Priest at once takes them, while the
Sponsor holds the crowns behind and over them, and
leads them in a circle round the table three times.*

*Meanwhile the Choir or
the Priest chant the Troparia.*

Tone Pl. 1.

Dance, O Isaiah; the Virgin has
conceived and has given birth to
a Son, Emmanuel, Who is both God
and man; Orient is His name. In mag-
nifying Him, we call the Virgin bless-
ed.

Tone Varys.

O holy martyrs, who have contest-
ed well and have been crowned:

σβεύσατε πρὸς Κύριον, ἐλεηθῆναι τὰς ψυχὰς ἡμῶν.

Δόξα σοι Χριστὲ ὁ Θεός, Ἀποστό-λων καύχημα, Μαρτύρων ἀγαλ-λίαμα, ὧν τὸ κήρυγμα. Τριὰς ἡ ὁμοού-σιος.

Εἶτα ὁ Ἱερεὺς ἐπαίρει τοὺς στεφάνους·

καὶ ἐπάρας τὸν στέφανον τοῦ Νυμφίου, λέγει·

Μεγαλύνθητι, Νυμφίε, ὡς ὁ Ἀβραὰμ, καὶ εὐλογήθητι ὡς ὁ Ἰσαάκ, καὶ πληθύνθητι ὡς ὁ Ἰακώβ, πορευόμε-νος ἐν εἰρήνη καὶ ἐργαζόμενος ἐν δικαι-οσύνῃ τὰς ἐντολὰς τοῦ Θεοῦ.

Καὶ ἐν τῷ τῆς Νύμφης λέγει·

Καὶ σύ, Νύμφη, μεγαλύνθητι ὡς ἡ Σάρρα, καὶ εὐφράνθητι ὡς ἡ Ῥεβέκκα, καὶ πληθύνθητι ὡς ἡ Ῥαχήλ, εὐφραινο-μένη τῷ ἰδίῳ ἀνδρί, φυλάττουσα τοὺς ὅρους τοῦ νόμου, ὅτι οὕτως ηὐδόκησεν ὁ Θεός.

Ὁ Διάκονος· Τοῦ Κυρίου δεηθῶ-μεν.

Ὁ Χορός· Κύριε, ἐλέησον.

Καὶ ὁ Ἱερεὺς τὴν Εὐχὴν ταύτην·

Ὁ Θεός, ὁ Θεὸς ἡμῶν, ὁ παραγε-νόμενος ἐν Κανᾷ τῆς Γαλιλαί-ας, καὶ τὸν ἐκεῖσε γάμον εὐλογήσας, εὐλόγησον καὶ τοὺς δούλους σου τού-τους, τοὺς τῇ σῇ προνοίᾳ πρὸς γάμου κοινωνίαν συναφθέντας. Εὐλόγησον αὐτῶν εἰσόδους καὶ ἐξόδους· πλήθυνον ἐν ἀγαθοῖς τὴν ζωὴν αὐτῶν· ἀνάλαβε

Intercede with the Lord that He have mercy on our souls.

Glory to You, O Christ God, the boast of the Apostles, the joy of the martyrs, who proclaimed the consubstantial Trinity.

Then the Priest raises the crowns.

First that of the Groom, saying:

Bridegroom, be magnified like Abraham, blessed like Isaac and mul-tiplied like Jacob, as you go your way in peace and carry out in righteous-ness the commandments of God.

Then that of the Bride, saying:

And you, Bride, be magnified like Sara, and rejoice like Rebecca and be multiplied like Rachel, rejoicing in your own husband, keeping the limits of the law, for so God has been well-pleased.

Deacon: Let us pray to the Lord.

Choir: Lord, have mercy.

And the Priest says this prayer:

God, our God, who were present in Cana of Galilee, and bless-ed the marriage there, bless these servants of yours also, who by your providence have been joined in the communion of marriage. Bless their goings out and their comings in. Fill their life with good things. Take up

(ἐνταῦθα ὁ Ἱερεὺς αἴρει τοὺς στεφά-
νους ἀπὸ τῶν κεφαλῶν τῶν Νυμφίων,
καὶ τίθησιν αὐτοὺς ἐπὶ τῆς τραπέζης)
τοὺς στεφάνους αὐτῶν ἐν τῇ Βασιλείᾳ
σου, ἀσπίλους καὶ ἀμώμους καὶ ἀνεπι-
βουλεύτους διατηρῶν εἰς τοὺς αἰῶνας
τῶν αἰώνων.

Ὁ Χορός· Ἀμήν.

Ὁ Ἱερεύς· Εἰρήνη πᾶσι.

Ὁ Χορός· Καὶ τῷ πνεύματί σου.

Ὁ Διάκονος· Τὰς κεφαλὰς ἡμῶν
τῷ Κυρίῳ κλίνωμεν.

Ὁ Χορός· Σοὶ, Κύριε.

Ὁ Ἱερεύς·

Ὁ Πατήρ, ὁ Υἱὸς καὶ τὸ Ἅγιον
Πνεῦμα, ἡ παναγία καὶ ὁμοού-
σιος καὶ ζωαρχικὴ Τριάς, ἡ μία Θεό-
της καὶ Βασιλεία, εὐλογήσαι ὑμᾶς, καὶ
παράσχοι ὑμῖν μακροζωΐαν, εὐτεκνίαν,
προκοπὴν βίου καὶ πίστεως, καὶ ἐμπλή-
σαι ὑμᾶς πάντων τῶν ἐπὶ γῆς ἀγαθῶν,
ἀξιώσαι δὲ ὑμᾶς καὶ τῶν ἐπηγγελμένων
ἀγαθῶν τῆς ἀπολαύσεως, πρεσβείαις
τῆς ἁγίας Θεοτόκου, καὶ πάντων τῶν
Ἁγίων.

Ὁ Χορός· Ἀμήν.

Ὁ Ἱερεύς· Δόξα σοι, ὁ Θεός, ἡ ἐλ-
πὶς ἡμῶν, δόξα σοι.

Ὁ Διάκονος· Δόξα Πατρὶ, καὶ
Υἱῷ, καὶ Ἁγίῳ Πνεύματι. Καὶ νῦν καὶ

their crowns *(Here the Priest takes the crowns from the heads of the couple and places them on the table)* in your Kingdom, unspotted and un-blemished, and keep them without offence to the ages of ages.

Choir: Amen.

Priest: Peace be with all.

Choir: And with your spirit.

Priest: Let us bow our heads to the Lord.

Choir: To You, O Lord.

Priest:

May Father, Son and Holy Spir-it, the all-holy, consubstantial Trinity, origin of life, the one God-head and Kingship, bless you and grant you long life, fair offspring, progress in life and faith, and fill you with every good thing on earth, and count you worthy of the prom-ised good things of the enjoyment of heaven, at the prayers of the Holy Theotokos, and of all the Saints.

Choir: Amen.

Priest: Glory to you, Christ God, our hope, glory to you.

Reader: Glory to the Father and to the Son and to the Holy Spirit. Al-

ἀεὶ, καὶ εἰς τοὺς αἰῶνας τῶν αἰώνων. Ἀμήν.

Κύριε, ἐλέησον *(γ΄)*. Πάτερ ἅγιε, εὐλόγησον.

Ὁ Ἱερεύς·

Ὁ διὰ τῆς ἐν Κανᾷ ἐπιδημίας τίμιον ἀναδείξας τὸν γάμον, Χριστὸς ὁ ἀληθινὸς Θεὸς ἡμῶν, ταῖς πρεσβείαις τῆς παναχράντου αὐτοῦ Μητρός, τῶν ἁγίων ἐνδόξων καὶ πανευφήμων Ἀποστόλων, τῶν ἁγίων θεοστέπτων βασιλέων καὶ ἰσαποστόλων Κωνσταντίνου καὶ Ἑλένης, τοῦ ἁγίου μεγαλομάρτυρος Προκοπίου, καὶ πάντων τῶν Ἁγίων, ἐλεήσαι καὶ σώσαι ἡμᾶς ὡς ἀγαθὸς καὶ φιλάνθρωπος καὶ ἐλεήμων Θεός.

Δι᾽ εὐχῶν τοῦ ἁγίου Δεσπότου ἡμῶν, Κύριε Ἰησοῦ Χριστέ, ὁ Θεός, ἐλέησον καὶ σῶσον ἡμᾶς.

Ὁ Χορός· Ἀμήν.

ways now and forever and to the ages of ages. Amen.

Lord, have mercy. *(x3)* Holy Father, give the blessing.

Priest:

May he who by his presence at Cana declared marriage honorable, Christ our true God, through the prayers of his all-pure Mother, of the holy, glorious and all-praised Apostles, of the holy Sovereigns crowned by God and Equals of the Apostles, Constantine and Helen, of the holy great Martyr Prokopios and all the Saints, have mercy on us and save us, for he is good and loves mankind.

Through the prayers of our holy fathers Lord Jesus Christ our God have mercy on us.

Choir: Amen.

ΑΚΟΛΟΥΘΙΑ ΕΠΙ ΕΠΑΝΑΣΥΣΤΑΣΕΙ ΓΑΜΟΥ ΔΙΑΖΕΥΧΘΕΝΤΩΝ

SERVICE FOR THE RESTORATION OF A MARRIAGE FOR A DIVORCED COUPLE

Ὁ Διάκονος· Εὐλόγησον, Δέσποτα.

Ὁ Ἱερεὺς ἐκφωνεῖ·

Εὐλογητὸς ὁ Θεὸς ἡμῶν πάντοτε· νῦν καί ἀεὶ καὶ εἰς τοὺς αἰῶνας τῶν αἰώνων.

Ὁ Χορός· Ἀμήν.

Εἶτα τοὺς ἀκολούθους στίχους, μεθ᾽ ἕκαστον τῶν ὁποίων ὁ Χορὸς ψάλλει·

Δόξα σοι, Κύριε, δόξα σοι.

Μακάριος ἀνὴρ ὁ φοβούμενος τὸν Κύριον· ὅτι μέγας καὶ φοβερὸς ὁ Θεὸς ἐπὶ πάντας τοὺς περικύκλῳ αὐτοῦ.

Δόξα σοι, Κύριε, δόξα σοι.

Εἰς τὸν αἰῶνα φυλάξει Κύριος τὸ ἔλεος αὐτοῦ καὶ ἡ διαθήκη αὐτοῦ πι-στή.

Δόξα σοι, Κύριε, δόξα σοι.

Δόξα καὶ πλοῦτος ἐν τῷ οἴκῳ αὐτοῦ· ἡ γὰρ χεὶρ Κυρίου συναντιλήψεται αὐτῷ, καὶ ὁ βραχίων αὐτοῦ κατισχύσει αὐτόν.

Δόξα σοι, Κύριε, δόξα σοι.

Deacon: Master, Bless.

Priest, Aloud:

Blessed is our God always, now and for ever, and to the ages of ages.

Choir: Amen.

Then the following verses, after each of which the Singers chant:

Glory to you, O Lord, glory to you.

Blessed is one who fears the Lord, for God is great and fearful over all those who surround him.

Glory to you, O Lord, glory to you.

The Lord will preserve his mercy for ever and his covenant is sure.

Glory to you, O Lord, glory to you.

Glory and riches are in his house; for the hand of the Lord will help him and his arm strengthen him.

Glory to you, O Lord, glory to you.

Ἡ γυνή σου ὡς ἄμπελος εὐθηνοῦσα ἐν τοῖς κλίτεσι τῆς οἰκίας σου· οἱ υἱοί σου ὡς νεόφυτα ἐλαιῶν κύκλῳ τῆς τραπέζης σου.

Δόξα σοι, Κύριε, δόξα σοι.

Εὐλογήσαι σε Κύριος ἐκ Σιὼν καὶ ἴδοις τὰ ἀγαθὰ Ἱερουσαλὴμ πάσας τὰς ἡμέρας τῆς ζωῆς σου.

Δόξα σοι, Κύριε, δόξα σοι.

Εἴη τὸ ὄνομα Κυρίου εὐλογημένον ἀπὸ τοῦ νῦν καὶ ἕως τοῦ αἰῶνος.

Δόξα σοι, Κύριε, δόξα σοι.

Ὁ Διάκονος· Ἐν εἰρήνη τοῦ Κυρίου δεηθῶμεν.

Ὁ Χορός· Κύριε, ἐλέησον. *(Καὶ μεθ᾽ ἑκάστην δέησιν)*

Ὁ Διάκονος· Ὑπὲρ τῆς ἄνωθεν εἰρήνης, καὶ τῆς σωτηρίας τῶν ψυχῶν ἡμῶν, τοῦ Κυρίου δεηθῶμεν.

Ὑπὲρ τῆς εἰρήνης τοῦ σύμπαντος κόσμου, εὐσταθείας τῶν ἁγίων τοῦ Θεοῦ Ἐκκλησιῶν, καὶ τῆς τῶν πάντων ἑνώσεως, τοῦ Κυρίου δεηθῶμεν.

Ὑπὲρ τοῦ Ἀρχιεπισκόπου ἡμῶν *(τοῦ δεῖνος)*, τοῦ τιμίου πρεσβυτερίου, τῆς ἐν Χριστῷ διακονίας, παντὸς τοῦ κλήρου καὶ τοῦ λαοῦ, τοῦ Κυρίου δεηθῶμεν.

Ὑπὲρ τῶν ἐπανασυναπτομένων γάμῳ δούλων τοῦ Θεοῦ *(τοῦ δεῖνος)*

You wife like a fruitful vine on the sides of your house. Your children like newly planted olive trees all around your table.

Glory to you, O Lord, glory to you.

May the Lord bless you from Sion, and may you see the good things of Jerusalem all the days of your life.

Glory to you, O Lord, glory to you.

Blessed be the name of the Lord, from this time forth and for ever more.

Glory to you, O Lord, glory to you.

Deacon: In peace let us pray to the Lord.

Choir: Lord, have mercy. *(And so after each petition.)*

For the peace from above and the salvation of our souls, let us pray to the Lord.

For peace in the whole world, for the stability of the holy churches of God, and for the unity of all, let us pray to the Lord.

For our Archbishop *(Name)*, for the honored order of presbyters, for the diaconate in Christ, for all the clergy and the people, let us pray to the Lord.

For the servants of God, *N.* and *N.,* who are being reunited in mar-

καὶ *(τῆς δεῖνος)* καὶ τοῦ δωρηθῆναι αὐτοῖς βίον ἀλοιδόρητον, πολιτείαν ἄμεμπτον καὶ διαγωγὴν ἀκατάγνωστον, τοῦ Κυρίου δεηθῶμεν.

Ὑπὲρ τοῦ δωρηθῆναι αὐτοῖς συμβίωσιν ἐν ὁμονοίᾳ καὶ ἀγάπῃ, προκοπὴν ἐν ἔργοις ἀγαθοῖς καὶ ἡμερῶν μακρότητα, τοῦ Κυρίου δεηθῶμεν.

Ὑπὲρ τοῦ ῥυσθῆναι αὐτούς τε καὶ ἡμᾶς ἀπὸ πάσης θλίψεως, ὀργῆς, κινδύνου καὶ ἀνάγκης, τοῦ Κυρίου δεηθῶμεν.

Ἀντιλαβοῦ, σῶσον, ἐλέησον, καὶ διαφύλαξον ἡμᾶς, ὁ Θεός, τῇ σῇ χάριτι.

Ὁ Χορός· Κύριε, ἐλέησον.

Ὁ Διάκονος· Τῆς Παναγίας, ἀχράντου, ὑπερευλογημένης, ἐνδόξου Δεσποίνης ἡμῶν Θεοτόκου, καὶ ἀειπαρθένου Μαρίας, μετὰ πάντων τῶν Ἁγίων μνημονεύσαντες, ἑαυτοὺς καὶ ἀλλήλους, καὶ πᾶσαν τὴν ζωὴν ἡμῶν Χριστῷ τῷ Θεῷ παραθώμεθα.

Ὁ Χορός· Σοί, Κύριε.

Ὁ Ἱερεὺς·

Ὅτι πρέπει σοι πᾶσα δόξα, τιμὴ καὶ προσκύνησις, τῷ Πατρὶ καὶ τῷ Υἱῷ καὶ τῷ Ἁγίῳ Πνεύματι, νῦν καὶ ἀεὶ καὶ εἰς τοὺς αἰῶνας τῶν αἰώνων.

Ὁ Χορός· Ἀμήν.

riage, and for them to be granted a life without reproach, without blame, without condemnation, let us pray to the Lord.

For them to be granted a life together in concord, peace and love, progress in good works and length of days, let us pray to the Lord.

For their and our deliverance from all affliction, wrath, danger and constraint, let us pray to the Lord.

Take hold of us, save us, have mercy upon us, and protect us, O God, by Your grace.

Choir: Lord, have mercy.

Deacon: Commemorating our most holy, most pure, most blessed and glorified Lady the Theotokos and ever-virgin Mary, together with all the saints, let us commit ourselves and one another and all our life unto Christ our God.

Choir: To You, O Lord.

Priest:

For to You belong all glory, honor, and worship to the Father and the Son and the Holy Spirit, now and forever and to the ages of ages.

Choir: Amen.

Ὁ Διάκονος· Τοῦ Κυρίου δεηθῶμεν.

Χορός· Κύριε, ἐλέησον.

Ὁ Ἱερεὺς τὴν Εὐχήν·

Δέσποτα φιλάνθρωπε, Βασιλεῦ τῶν αἰώνων καὶ Δημιουργὲ τῶν ἁπάντων, ὁ τὸ μεσότοιχον τῆς ἔχθρας καταλύσας καὶ εἰρήνην τῷ γένει τῶν ἀνθρώπων δωρησάμενος, σοῦ δεόμεθα καὶ σὲ παρακαλοῦμεν, ἔπιδε ἐπὶ τοὺς δούλους σου *(τὸν δεῖνα)* καὶ *(τὴν δεῖνα)* καὶ ἐπίχεε ἐπ᾽ αὐτοὺς τὴν εὐλογίαν σου. Ἐπανάγαγε τὴν διαταραχθεῖσαν εἰρήνην καὶ ἐμφύτευσον εἰς τὰς καρδίας αὐτῶν τὴν πρὸς ἀλλήλους ἀγάπην. Ἐπιδαψίλευσον αὐτοῖς γαλήνην πνευματικὴν καὶ πολιτείαν ἀνεπιβούλευτον, ἵνα, ἐν ψυχικῇ διατελοῦντες γαλήνῃ, ἀπολαύσωσι τῶν οἰκείων ἀγαθῶν καὶ δοξάζωσί σε τὸν μόνον τῆς ἀγάπης Θεὸν καὶ πατέρα τοῦ Κυρίου ἡμῶν Ἰησοῦ Χριστοῦ, ᾧ πρέπει πᾶσα δόξα, τιμὴ καὶ προσκύνησις, νῦν καὶ ἀεὶ καὶ εἰς τοὺς αἰῶνας τῶν αἰώνων.

Ὁ Χορός· Ἀμήν.

Εἶθ᾽ οὕτως ἡ συνήθης Ἀπόλυσις.

Ὁ Ἱερεὺς· Δόξα σοι ὁ Θεός, ἡ ἐλπὶς ἡμῶν, δόξα σοι.

Ὁ Ἀναγνώστης· Δόξα Πατρὶ καὶ Υἱῷ καὶ Ἁγίῳ Πνεύματι. Καὶ νῦν καὶ ἀεὶ καὶ εἰς τοὺς αἰῶνας τῶν αἰώνων, Ἀμήν. Κύριε ἐλέησον *(γ')*. Πάτερ ἅγιε, εὐλόγησον.

Deacon: Let us pray to the Lord.

Choir: Lord, have mercy.

The Priest says the following Prayer:

Master, lover of mankind, King of the ages and Creator of all things, who destroyed the middle wall of enmity and granted peace to the race of mankind, we pray and implore you, look on your servants, *N.* and *N.*, and pour your blessing upon them. Restore the peace that had been troubled and plant in their hearts love for each other. Bestow richly on them spiritual calm and a life unassailed, so that having lived out their days in calm of soul, they may enjoy your own good things and glorify you, alone the God of love and Father of our Lord Jesus Christ, to whom belong all glory, honor and worship, now and for ever, and to the ages of ages.

Choir: Amen.

And then the usual Dismissal

Priest: Glory to You, O God, our hope, glory to you.

Reader: Glory to the Father, and the Son and the Holy Spirit. Both now and ever and to the ages of ages. Amen. Lord have mercy *(x3)*. Holy Father, bless.

Ὁ Ἱερεὺς·

Χριστὸς ὁ ἀληθινὸς Θεὸς ἡμῶν, ταῖς πρεσβείαις τῆς παναχράντου καὶ παναμώμου ἁγίας αὐτοῦ Μητρός, δυνάμει τοῦ τιμίου καὶ ζωοποιοῦ Σταυροῦ, προστασίαις τῶν τιμίων ἐπουρανίων Δυνάμεων ἀσωμάτων, ἱκεσίαις τοῦ τιμίου ἐνδόξου προφήτου, προδρόμου καὶ βαπτιστοῦ Ἰωάννου, τῶν ἁγίων ἐνδόξων καὶ πανευφήμων Ἀποστόλων, τῶν ἁγίων ἐνδόξων καὶ καλλινίκων Μαρτύρων, τῶν ὁσίων καὶ θεοφόρων Πατέρων ἡμῶν, τοῦ ἁγίου ἐνδόξου μεγαλομάρτυρος Προκοπίου, τῶν ἁγίων καὶ δικαίων θεοπατόρων Ἰωακεὶμ καὶ Ἄννης, καὶ πάντων τῶν Ἁγίων, ἐλεήσαι καὶ σῶσαι ἡμᾶς, ὡς ἀγαθὸς καὶ φιλάνθρωπος καὶ ἐλεήμων Θεός.

Ὁ Ἱερεὺς· Δι' εὐχῶν τῶν ἁγίων Πατέρων ἡμῶν, Κύριε Ἰησοῦ Χριστέ, ὁ Θεός, ἐλέησον καὶ σῶσον ἡμᾶς.

Ὁ Χορός· Ἀμήν.

Priest:

May Christ our true God, through the prayers of his all-pure and holy Mother, by the power of the precious and life-giving Cross, through the protection of the honored, Bodiless Powers of heaven, through the intercessions of the honored, glorious fProphet, Forerunner and Baptist, John, of the holy, glorious and all-praised Apostles, of the holy, glorious and triumphant Martyrs, of our venerable and God-bearing Fathers and Mothers, of the holy, glorious and triumphant Great Martyr Prokopios, of the holy and righteous forebears of God, Joachim and Anna, and of all the Saints, have mercy on us and save us, for he is good and loves mankind.

Priest: Through the prayers of our holy fathers, Lord Jesus Christ, our God, have mercy on us and save us.

Choir: Amen.

Music Aids

Awed by the Beauty.

Third Mode

adapted from traditional melody

Ἦχος γ'. Γα

χ 108

Duration: 1:00

Intonation: #8

Τὴν ὡραιότητα

Awed by the beau - - ty_____ of thy vir - gin - - i - ty and

thē ex - ceed-ing ra - - diance of thy pu - - ri - ty, Ga - - bri - el

called out un - - to thee, O The - o - to - - kos: What__ wor - thy hymn of

praise___ can I of - - fer un - - to thee? And what__ shall I name_

_____ thee? I am in doubt_____ and_____ stand in awe. Where-fore, as

com - mand - - ed, I cry to thee:__ Re - joice, O Full___ of_____ Grace._

70

Awed by the Beauty.

Sticheraric (Long) Version

Third Mode

adapted from traditional melody

Ἦχος γ΄. Γα

χ 88

Duration: 2:15

Intonation: #8

Τὴν ὡραιότητα

wed____ by the____ beau - - - - ty_____ of_

_____ thy___ vir - - gin - - - - - - - i - ty_____ and

thē ex - - - ceed - - - - - - - ing_____ ra - - - - - di -

ance_____ of___ thy__ pu - - - - - - - ri - ty,_____

Ga - - bri - el called_____ out un - to___ thee,_____

O___ The - - - o - - - to - - - - - - kos:___ What____

_____ wor - thy_____ hymn_____ of_____ praise_____

_____ can__ I of - - - fer__ un - - - - - - - - to

thee?_____ And___ what shall_____ I_____ name_____ thee?_

_ I am in_____ doubt_ and___ stand__ in____ awe.___

(Byzantine chant notation)

Where-fore, as com - mand - ed, I _____ cry _____ to __ thee: __

Re - joice, _____ O ____ Full _____ of __

_____ Grace. _____

It is Truly Right.

Second Mode
adapted from the ancient melody
according to the oral tradition of the Holy Mountain

Ἦχος Δι

I t is tru - ly ____ right to call _____ thee _____ blest, __

__ O The - - - - o - - to - - kos, thē ev - - - - er bless -

- - - ed, thou __ who __ art _____ most ___ pure _____ and __ all

im - mac - - - u - - - late _____ and _____ the _____ Moth - -

- - - er of our _____ God. _____ More _____ hon -

our - - - - a - ble _____ than the Che - - ru - - - - bim, __

(M) (B)

____ and____ be- - yond_____ com-pare_____ more_____

(M) (Δ)

glo- ri- ous_____ than the Se- - ra- - - - phim, who with-

(Γ) (B)

out__ cor- - rup- - - tion___ didst give birth to God_____

(Δ) (M) (B)

the_____ Word, the ver- - - - y_____ The- - -

(Γ) (Δ)

o- to- - kos, thee do we mag- - - ni- - - - fy._____

Apolytikion. Saints Constantine and Helen.

Fourth Mode

Ἦχος Δι

χ 150

Intonation: #10

Τοῦ σταυροῦ τὸν τύπον

(B)

av- ing seen thē im-age of Thy Cross in Heav- - en,

(Δ)

and, like Paul, hav-ing re- ceived the call not from men, Thine a- pos-tle

(B)

a-mong kings en- trust-ed the com-mon-wealth to Thy hand, O Lord. Keep us

(Δ)

al- ways in peace, by thē in- ter- ces- sions of the The- o- to- kos,

(Γ) (B)

O on- ly Friend of man.

Kontakion. Saints Constantine and Helen.

Third Mode

Duration: 1:00

Intonation: #8

Ἦχος Γα

Κωνσταντίνου σήμερον

On this day Saint Con - - stan-tine and bless - ed Hel-en, his

moth - - - er, have re - vealed the Cross,__ the Wood wor - thy of all

ven - er - a - - - tion. For_____ the Jews, it is dis - hon - - - -

our; but faith - ful rul - - - ers have__ it as a weap - on van-quish-ing

their op - po - - - nents. For our sakes hath it been shown__ forth

as a great en- sign, dread and most awe-some in war._____

Glory to Thee.

Grave Mode

χ 180

Ἦχος βαρύς Γα

Δόξα σοι ὁ Θεός ἡμῶν

Glo - ry to Thee, our God,__ glo - - - ry to Thee.

(repeated for each verse)

After the final verse:

Glo - ry to Thee, our God, glo - ry to Thee._____

O Lord Our God.
Grave Mode

῏Ηχος βαρύς Γα

χ 140

Intonation: #21

Κύριε ὁ Θεός ἡμῶν

O Lord our God, with glo - - ry and hon - our crown____ them.

(twice)

O Lord our God, with glo - ry and hon-our crown__ them._____

Prokeimenon and Alleluia of the Epistle.
Plagal Fourth Mode

῏Ηχος Νη

χ 88

Intonation: #26

῎Εθηκας ἐπὶ τὴν κεφαλήν

Thou_____ hast_____ set up - on their___ heads

crowns__ of__ pre - - - - - - - - - - cious_____ stones.

Plagal First Mode
by Hieromonk Hierotheos

῏Ηχος Πα

χ 96

Intonation: #14

᾿Αλληλούϊα

Al - le - lu - i - - a. Al - - le - lu-

- - - - - - i - - - a. Al - - le - - - lu- -

- - - i - - - -a._____

I Will Take the Cup.
Communion Hymn*

adapted from Hieromonk Gregory
of Simonos Petras Monastery

First Mode

Ἦχος α Πα

Intonation: #1

Ποτήριον σωτηρίου

_____ will___ take_____ the cup___ of__

sal - - - - va - - tion, and___ I will___ call up- on_____

the name_____ of_____ the_____ Lord.__

_____ Al - le - lu - - - - i - - - - - - a.___

Third Mode

Ἦχος Γα

Intonation: #8

Ποτήριον σωτηρίου

_____ will_____ take_____ the___ cup_____

of sal - va - - - tion,___ and___ I_____will___ call up-

- - on the___name_____ of__ the Lord.___ Al - le - lu - - -

- - i - - - a.____

Fourth Mode "Agia"

Ἦχος Δι

Intonation: #11

Ποτήριον σωτηρίου

_____ will_____ take the___ cup of___ sal - va - - - tion,_
_ and___ I___ will_ call up - on the__ name___ of_____
____ the_____ Lord._____ Al - le- lu - -
- - - i - - - - - - - a.

Plagal First Mode

Ἦχος Πα

Intonation: #14 or #15

Ποτήριον σωτηρίου

_____ will_____ take_____
____ the___ cup_____ of sal - va - - -
- - - tion,_____ and_____ I will_____ call_____ up -
- on the_____ name_____ of_____ the_____ Lord._____
_____ Al - le- lu - - - - - i - - - a.__

Dance, O Isaiah.

Plagal First Mode

Ἦχος λ̥ πλ ᾳ Κε

Intonation: #13

Ἠσαΐα χόρευε

(M) (K)
ance,__ O I - sai - - ah; the Vir - gin hath con-ceived
E - sai - - as;

(Δ)
and hath giv - en birth__ to a Son, Em - man - u - el, Who is both

(K) (M) (K) (M)
God and man; O - ri-ent is His name. In mag-ni - fy - ing Him, we call

the Vir - gin___ blest.

O Holy Martyrs.

Grave Mode

Ἦχος βαρύς Γα

Intonation: #21

Ἅγιοι μάρτυρες

(M) (N)
ho - ly mar - tyrs, who have con - test - ed well and have been

(Γ) (Π) (N) (Γ)
crowned: In - ter - cede__ ye with the Lord that He have mer - cy on___

our__ souls.

Glory to the Thee, O Christ.

Grave Mode

Ἦχος βαρύς 〜 Γα

Δόξα σοι Χριστὲ ὁ Θεός

lo - ry to Thee, O Christ_____ God, the boast of thē A - pos - - tles, the joy of the mar - - - tyrs, who pro-claimed the con-sub - stan - tial Trin - - i - - ty._____

Dogmatic Theotokion.

First Mode

Ἦχος ᾱ Πα

χ 84

Τὴν παγκόσμιον δόξαν

The u - ni - ver - sal glo - ry born of__men, who hath giv - en birth un - to_____ the___ Mas - ter, the heav - - - - - - - - en - - - ly_____ gate, let us praise_ Mar - - - y the__ Vir - - - - - - gin, the song of the bod - - - i - less___ hosts, and thē a - dorn - ment of the faith - - - - - - - - - - - - - - -

ful. For she was shown to＿ be a Heav - - - en and a tem-

- ple of＿ the＿＿＿ God - - - head; de-stroy-ing the wall of

en - mi - ty, she ush - - ered in＿ peace＿ and o - pened the King-

- - - dom. Pos - sess-ing, there - fore, this an - - - chor of＿ faith,

we have as cham - - pi - -on the Lord＿＿＿＿Who＿ was＿＿＿

born＿＿ of＿＿＿ her. Take cour - - age, there - - fore, take

cour-age, O ye peo - - ple of＿ God; for He shall fight＿ thine＿

en - e - - mies,＿ since He is thē Al - might - - - - y＿＿＿

One.＿＿＿

Dogmatic Theotokion.

Plagal First Mode

Ἦχος λ. πλ. ἀ Πα

χ 84

Ἐν τῇ Ἐρυθρᾷ Θαλάσσῃ

n the Red＿＿＿ Sea there＿ was＿ once de - -pict - - -

- - - ed an im - - age of＿＿＿＿ thē＿ un - - wed - - -

--ded___ Bride. There,__ Mos-es di-vid--ed the__ wa-

-ter;__ here,_ Ga--bri--el doth_min---is-ter___ the won-

---der. Then the deep was trod-den dry-shod by__ Is----

-ra----el;__ now Christ is born_ seed-less--ly of the__

Vir---gin.___ The sea, af-ter the pas-sage of Is-ra-

-el, re-mained_____ un--trod----den; the blame-

--------less_____ the blame--less__ one,_____

_____(n)_____ af-ter the birth of Em-man-

--u--el, re-mained_____ un--de---filed.

O Thou Who___ art, and__ ev--er be--fore_____ didst___

_ex----ist,__ and hast ap-peared as__ man,__ O__ God: have

mer----cy on__ us._____

Awed by the Beauty.

Third Mode

adapted from traditional melody

Duration: 1:00

Intonation: #8

Moderato ♩=108

Τὴν ὡραιότητα

Awed by the beau - - ty_____ of thy vir - gin - i -

ty and the ex - ceed - ing ra - - - diance of thy

pu - ri - ty, Ga - bri - el called out un - to thee,

O The - o - to - kos: What_ wor - thy hymn__ of

praise_____ can I of - fer un - to thee? And

what_ shall I name__ thee? I am in doubt__ and__

stand in awe. Where-fore, as com - mand - ed, I cry to thee:_ Re -

joice, O Full__ of__ Grace._____

Awed by the Beauty. Long Version.

Third Mode
Sticheraric (Long) Version

Duration: 2:15

adapted from traditional melody

Intonation: #8

Andante ♩.88

Τὴν ὡραιότητα

Un. F

Awed_ by the_____ beau - - - ty_____

> D C >

of_____ thy__ vir - gin - - - i - ty_____ and

F ↓

the ex - ceed - - - ing_____ ra - - di -

> D C >

ance____ of__ thy__ pu - - - ri - ty,_____

F

Ga - bri - el called_____ out un - to__

D

thee,_ O__ The - o - to - - - kos:__

C F

What_____ wor - thy_____ hymn_____ of_____

> > Un.

praise_____ can_ I of - - fer__

un - - - to thee?___ And___ what shall___

I___ name___ thee?__ I am in___

___ doubt__ and__ stand__ in__ awe.__ Where -

fore,___ as com - mand - ed, I___

It Is Truly Right.

Second Mode

Andante ♩.84   Ancient Melody

It__ is tru - ly__ right to__ call__ thee__ blest,__
Α - ξι - ον__ ε - στιν ως__ α - λη - θως__
Ah - ksee - on__ eh - steen os__ ah - lee - thos__

O__ The - o - to X X X___kos, the ev - er
___ μα - κα - ρι - ζειν___ σε την Θε - ο -
___ mah - kah - ree - zeen___ seh teen Theh - o -

bless - ed, thou__ who__ art__ most__
το - - - - κον την α - ει - μα - κα - ρι -
to - - - - kon teen ah - ee - mah - kah - ree -

pure____ and__ all im - mac - u - late_____
στον____ και πα - να - μω - μη - τον____
ston____ keh__ pah - nah - mo - mee - ton____

and____ the__ Moth - - - er of__ our_____
και__ Μη - τε - ρα__ του Θε - ου____ η -
keh__ mee - teh - rah__ too Theh - oo____ ee -

God._____ More____ hon - our - - a - ble_____
μων_____ την τι - μι - ω - τε - - -
mon_____ teen____ tee - mee - o - teh - - -

than the____ Che - ru - bim,_____ and_____
ραν των__ Χε - ρου - βιμ_____ και____
ran ton__ Heh - roo - veem_____ keh____

be - yond____ com - pare_____ more____ glo - ri -
εν - δο - ξο - τε - - - ραν____ α - συγ -
en - tho - kso - teh - - - ran____ ah - seen -

ous____ than the____ Se - ra - phim, who with -
κρι - τως των__ Σε - ρα - φιμ την α -
gree - tos ton__ Seh - ra - feem teen ah -

out____ cor - rup - - - tion__ didst give birth
δι - α - φθο - - - ρως__ Θε - ον Λο -
thee - af - tho - - - ros__ Theh - on Lo -

to God ____ the _____ Word, the ver - y ___
γον τε - - κου - - - σαν την ον - τως ___
gon teh - koo - - - san teen oh - ndos ___

The - - o - to - kos, thee do we ___ mag -
Θε - - ο - το - κον σε με - γα - λυ -
Theh - - o - to - kon seh meh - gah - lee -

ni - - - fy. _____
νο - - μεν _____
no - - men _____

Apolytikion. Saints Constantine and Helen.

Intonation: #10   Fourth Mode

Allegro ♩=150   Τοῦ σταυροῦ τὸν τύπον

Hav - ing seen the im - age of Thy Cross in Heav - en,

and, like Paul, hav - ing re - ceived the call not from men, Thine a -

pos - tle a - mong kings en - trust - ed the com - mon-wealth to Thy

hand, O Lord. Keep us al - ways in peace, by the in - ter -

ces - sions of the The - o - to - kos, O on - ly Friend of man.

Kontakion. Saints Constantine and Helen.

Duration: 1:00

Intonation: #8

Third Mode

Moderato ♩=110

Κωνσταντίνου σήμερον

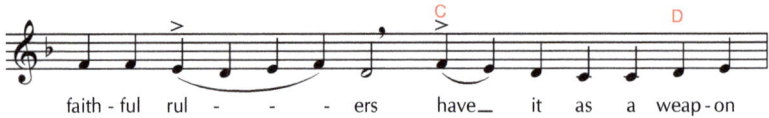

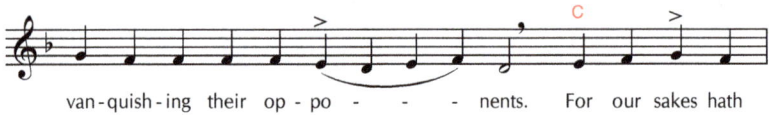

On this day— Saint Con - stan - tine and bless - ed Hel - en, his

moth - - - - er, have re - vealed— the Cross,— the

Wood wor - thy of all ven - er - a - - - - tion.

For the Jews, it is dis - hon - - - - our; but

faith - ful rul - - - ers have— it as a weap - on

van - quish - ing their op - po - - - nents. For our sakes hath

it been shown— forth as a great en - sign, dread and most

awe - some in war.—

Glory to Thee.

Grave Mode

Presto ♩=180   Δόξα σοι ὁ Θεός ἡμῶν

Glo - ry to Thee, our God,— glo - ry to Thee.

finale

Glo - - ry to Thee, our God, glo - ry to

Thee._____

O Lord Our God.

Grave Mode

Intonation: #21

Allegro ♩=140   Κύριε ὁ Θεὸς ἡμῶν

O Lord our God, with glo - ry and hon - our crown— them. *(twice)*

O Lord our God, with glo - ry and hon - our crown—

them._____

Prokeimenon and Alleluia of the Epistle.

Plagal Fourth Mode*

Intonation: #26

Andante ♩=88

Ἔθηκας ἐπὶ τὴν κεφαλήν

Thou____ hast____ set up-on their__ heads

crowns_ of__ pre - - - - cious____ stones.

(After the Epistle)

by Hieromonk Hierotheos
Plagal First Mode

Intonation: #14

Andante ♩=96

Ἀλληλούϊα

Al - le - lu - i - a. Al - le -

lu - - - i - - - a. Al - le -

lu - - - i - - - a.____

Glory to Thee O Lord.

(After the Gospel)

Plagal Fourth Mode

by Athanasios Karamanis

Moderato ♩=108

Glo - ry to Thee, O— Lord, glo - ry to Thee._____
Δο - ξα σοι Κυ - ρι - ε δο - ξα__ σοι_____
Dho - ksah see Kee - ree - eh dho - ksah_ see_____

Plagal Fourth Mode

by Hieromonk Hierotheos
of Philotheou Monastery

Andante ♩=88

Glo - ry to Thee,_____ O_____ Lord,__ glo - - -
Δο - ξα σοι Κυ - - - - - ρι - ε δο - - -
Dho - ksah see Kee - - - - ree - eh dho - - -

ry__ to__ Thee._____
ξα_____ σοι_____
ksah_____ see_____

Plagal Fourth Mode

by Hieromonk Hierotheos
of Philotheou Monastery

Andante ♩=88

Glo - ry__ to__ Thee,_____ O__ Lord,_____
Δο - ξα__ σοι__ Κυ - ρι - ε_____
Dho - ksah_ see__ Kee - ree - eh_____

glo - - - ry__ to__ Thee._____
δο - - - ξα_____ σοι_____
dho - - - ksah_____ see_____

I Will Take the Cup.

Communion Hymn*

Intonation: #1

Adagio ♩=76

First Mode

by Hieromonk Gregory
of Simonos Petras Monastery

Third Mode

Intonation: #8

adapted from Hieromonk Gregory
of Simonos Petras Monastery

I _____ will _____ take _____ the _____

cup _____ of sal - va - - tion, _____

and ___ I _____ will _____ call up - on the _____

name _____ of _____ the ___ Lord. ___ Al - le -

lu - - - i - - a. _____

Fourth Mode
"Agia"

Intonation: #12

adapted from Hieromonk Gregory
of Simonos Petras Monastery

I will take the cup of sal - va - - - tion, and I will call up - on the name of the Lord. Al - le - lu - - - i - - - a.

Plagal First Mode

by Hieromonk Gregory
of Simonos Petras Monastery

Intonation: #14 or #15

Dance, O Isaiah.

Intonation: #13

Plagal First Mode

Allegro ♩=120

Ἠσαΐα χόρευε

Dance,_ O I - sa — iah; the Vir - gin hath_ con-ceived
E - sai — as;

and hath giv - en birth_ to a Son, Em - man - u - el, Who

is both God and man; O — ri - ent is His name. In

mag - ni - fy - ing Him, we call the Vir — gin blest.

O Holy Martyrs.

Grave Mode

Intonation: #21

Ἅγιοι μάρτυρες

O ho - ly mar — tyrs, who have con - test - ed well and have been

crowned: In - ter - cede_ ye with the Lord that He have mer - cy

on__ our__ souls.

Glory to Thee, O Christ.

Grave Mode

Δόξα σοι Χριστὲ ὁ Θεός

Glo - ry to Thee, O Christ__ God, the boast of the A -
pos - tles, the joy of the mar - tyrs, who pro-claimed the
con - sub - stan - tial Trin - i - ty.____

Dogmatic Theotokion.

First Mode

Andante ♩.84

Τὴν παγκόσμιον δόξαν

The u - ni - ver - sal glo - ry born__ of____ men,
who hath giv - en birth un - to____ the____ Mas - ter,

bod - - - i - less hosts, and the a - dorn - ment
C D
of the faith - - - - - - - ful. For she was
shown to be a Heav - - - en and a tem - ple
Un. D
of the God - - - head; de - stroy - ing the wall of
F... D
en - mi - ty, she ush - ered in peace
and o - pened the King - - - dom. Pos - sess - ing,
there - fore, this an - - - - chor of faith,
we have as cham - pi - on the Lord
Who was born of her. Take cour - age,
Un.
there - - - fore, take cour - age, O ye peo - - - ple

of___ God;   for He shall fight___ thine___ en -

e - mies,___   since He___ is the Al-might - - -

y_____ One._____

Dogmatic Theotokion.

Plagal First Mode

Andante ♩=84

Ἐν τῇ Ἐρυθρᾷ Θαλάσσῃ

In the Red_____ Sea   there_____ was___ once___

de - pict - - - - ed an im - age of_____

the_____ un - wed - - - - ded_____ Bride.

There,_ Mos - es di - vid - ed the___ wa - - - ter;

here,_ Ga - bri - el doth___ min - is -

ter the won - - -der. Then the deep was trod-den

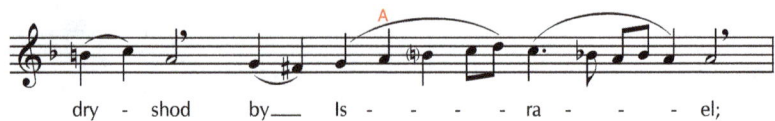

dry - shod by Is - - - - ra - - - el;

now Christ is born seed - less - ly of the

Vir - - - gin. The sea, af - ter the pas - sage of

Is - ra - el, re - mained un - trod -

den; the blame - - - - - less the

blame - less one, (n)

af - ter the birth of Em-man - u - el, re - mained

un - de - filed. O Thou Who art, and ev -

er be - fore didst ex - ist, and hast ap -

peared_ as_ man,_ O_ God: have mer - - - cy on_

us._____

Τέλος
καὶ τῷ Θεῷ Δόξα.

NEWROME
PRESS